Für Gernot
mit den besten
Wünschen für
eine "Hoppel-
unfallfreie" Zukunft!

Dein Wum

Graz, 31.1.2018

Schachner-Blazizek/Hauser

Über Eliten
(der Zukunft?)

Über Eliten (der Zukunft?)

von

Peter Schachner-Blazizek

und

Werner Hauser

Wien · Graz 2017

Bibliografische Information Der Deutschen Nationalbibliothek

Die Deutsche Nationalbibliothek verzeichnet diese Publikation in der Deutschen Nationalbibliografie; detaillierte bibliografische Daten sind im Internet über http://dnb.d-nb.de abrufbar.

Gedruckt mit freundlicher Unterstützung durch

Alfred Schachner Gedächtnis Fonds

Alle Rechte vorbehalten.

Umschlaggestaltung: nussiproductions.at
Bildnachweise Umschlag:
Großes Bild: Klosterbibliothek in Prag (© iStock.com/vpodhorny)
Umschlagrückseite, 1. Bild v. l.: *John D. Rockefeller* im Alter von 18 [1856/1857] (© Foto: Wikimedia Commons/Project Gutenberg)
Umschlagrückseite, 2. Bild v. l.: *Niccolò di Bernardo dei Machiavelli* [Palazzo Vecchio, Gemälde von Santi di Tito] (© Wikimedia Commons)
Rücken und Umschlagvorderseite, 1. Bild v. l.: *Adam Smith* [1787] (© Wikimedia Commons)
Umschlagvorderseite, 2. Bild v. l.: *Georg Wilhelm Friedrich Hegel* [1831, Alte Nationalgalerie, Gemälde von Jakob Schlesinger] (© Wikimedia Commons/anagoria)
Umschlagvorderseite, 3. Bild v. l.: *Platon* [Kopf des Platon von Silanion, römische Kopie, Glyptothek, München] (© Wikimedia Commons/Bibi Saint-Pol)
Umschlagvorderseite, 4. Bild v. l.: *Immanuel Kant* [1768] (© Wikimedia Commons/ Becker)

ISBN 978-3-7083-1179-1
NWV Verlag GmbH
Faradaygasse 6, 1030 Wien, Österreich
Tel.: +43 1 796 35 62-24
Fax: +43 1 796 35 62-25
E-Mail: office@nwv.at

Geidorfgürtel 24, 8010 Graz, Österreich
E-Mail: office@nwv.at

Internet: www.nwv.at

© NWV Neuer Wissenschaftlicher Verlag, Wien · Graz 2017

Druck: Prime Rate Kft., Budapest

Inhaltsverzeichnis

I. Grundlagen und Begriffe 7

Begriff • Genese • Gegenstand der modernen Elitensoziologie • Elitenforschung: Beispiel USA • Elitenforschung: Beispiel Deutschland • Elitenforschung: Beispiel Österreich • Hergebrachte Elitendefinition • Einzelne Eliten-Begriffe • Kritik und Grenzen • Rekrutierungsaspekte • Ein Gegenentwurf • Elitenkritik • Leitthemendiskurs • Eliten der Zukunft

II. Widersprüchliches 27

Elitäres Handeln im Alltag • Keine Romantik • Vernebelung • Handlung und Lebensführung • Haltung und Selbstreflexion • Internationale Elite • Genderdimension • Verhalten (als Schlüssel?) • Prägendes Erleben • Selbstfindung • Neue Betrachtungsdimension • Historisches und Zeitnahes • Zivilisatorische Errungenschaften • Wandel • Ökonomische Elite • Austausch der Elite • Neue Moderne • Fortschritt ohne Glauben? • Machbarkeitswahn • Religiöse Elite • Einfluss der modernen Informationstechnologie • Kapitalvermehrung ohne Innovation („altes Vermögen")

III. Gegenbewegungen 49

Hinführendes • Aktives Tun • Vernunft • Mitläufertum • Aufklärung – Neu • Zumutbarkeiten • Grenzüberschreitungen • Orientierung • Elemente der Moral • Masse • Soziale Situation • Selbstbild • Insichgehen • Werteeinbettung • Gestaltungsverpflichtung • Mittelpunkt Mensch • Nicht-materieller Gegenentwurf • Freiheitsgewährung • Regelfreiheit? • Machtmissbrauch • Bildung und Wissen • Wissen = Macht • Macht der Ideen • Nahebezug • Toleranz • Hofnarren als Weise • Fehlerkorrektiv • Mut • Wider den Determinismus • Wahrhaftigkeit • Wahrheitsnotwendigkeit • Grenze • Differenzierungsgebot

IV. Gedanken und Anleitungen 67

Vorbemerkung • Ehrenhaftigkeit • Rechtschaffenheit • Gelassenheit • (Selbst-)Kritikfähigkeit • Offenheit • Hilfsbereitschaft • Loyalität • Aufrichtigkeit • Werthaltung • Gestaltungswille • Maßhaltung

V. Zusammenführendes 85

Danksagung 91

Autoren 93

Letztlich erschloss sich uns ein Wertediskurs.

I. Grundlagen und Begriffe

Begriff

Ursprünglich abgeleitet vom lateinischen Wort „*exlegere*" = „auslesen", „sammeln" bzw „auswählen" wird der Begriff „Elite" – zunächst vor allem im militärischen Bereich – als „auserlesen", „hervorragend" bzw „vorzüglich" verwendet. In der Hauptsache werden unter diesem Begriff aktuell vereinfachend jene (gesellschaftlichen) Kreise angesprochen, welche auf Grund ihrer jeweiligen Machtbefugnisse Herrschaft innehaben oder ausüben.

Genese

Die historischen Wurzeln der Themen „Elite" bzw „Elitenbildung" greifen weit aus: So hat etwa bereits *Platon* (ca 427-347 v Chr) in seiner Politeia das (utopistische) Ideal der Regierung einer geistigen Elite gezeichnet und dabei vor allem von den Mitgliedern der herrschenden Elite umfassenden Verzicht (etwa auf Vermögen und Familie) gefordert.
Wenngleich die verschiedenen Aspekte des Themas

„Elite" – freilich unter anderer Bezeichnung – bereits früh feststellbare Phänomene in der Geschichte bilden (s dazu etwa das römische Herrschaftssystem), hat sich der Begriff „Elite" ganz offensichtlich erst im Umfeld der französischen Revolution als solcher verfestigt. Der diesbezügliche Elitenbegriff erfasste im damaligen gesellschaftlichen Bezugsfeld jene Personen(-Gruppen), die sich – im Unterschied zur bis dahin herrschenden Adelsklasse – ihre gesellschaftliche Herrschaftsstellung durch ihre Handlungen und Leistungen eigenständig erarbeitet haben.

Bemerkenswerter Weise entstanden in diesem historischen Umfeld unter Federführung von *Napoleon* (1769-1821) die so genannten Grandes Ecoles. Diese Einrichtungen sollten dazu dienen, für eine hervorragend ausgebildete Staatselite zu sorgen; die einzelnen Ecoles wurden dabei den einzelnen Ministerien zugeteilt (so war zB die „Ecole Polytechnique" dem Kriegsministerium zugeordnet).

Auf dem Weg zur Entwicklung einer modernen Elitentheorie waren ua die Schriften von *Niccolo Machiavelli* (1469-1527) von Bedeutung; dieser stellte den so genannten persistenten Machtstrukturen liberale Zugänge gegenüber. Dabei streben die Anhänger der persistenten Strukturen mit großer Gewaltbereitschaft an die Macht („Elite der Löwen"), während die „liberale Elite der Füchse" in kompromiss- und verhandlungsbereiter Art und Weise evolutionär die Macht erlangen.

Gewissermaßen in Fortentwicklung der machiavellistischen Zugänge hat *Vilfredo Pareto* (1848-1923) – auf Basis eines dem Grunde nach funktionalen (und damit weitestgehend wertneutralen) Elitenbegriffs – den historisch betrachteten Prozess des kontinuierlichen Austausches der

I. Grundlagen und Begriffe

Herrschaftseliten beschrieben; sein Verständnis von Elite bezieht sich im Wesentlichen auf die „Allerbesten" in den einzelnen Gesellschafts- bzw Handlungsschichten. Auf der Grundlage dieses Begriffsverständnisses führt für *Pareto* die (kontinuierliche) Verdrängung von alten durch neue, effizientere bzw produktivere Führungseliten zu einem generellen Verständnis der „Geschichte als Friedhof der Aristokratien". Als Gründe des Elitenwechsels führt *Gaetano Mosca* (1858-1941) ua Aspekte wie neu erworbenes praktisch anwendbares Wissen, politische Instabilitäten, moralischen Verfall von Religion und/oder Politik sowie etwa auch neue Wertschöpfungsquellen an.

Auf Basis des von ihm postulierten „ehernen Gesetz der Oligarchie" vertritt etwa *Robert Michels* (1876-1936) im Kern die Auffassung, dass letztendlich jedwede Organisation (zB politische Partei) zur Herausbildung einer oligarchischen Herrschaftsstruktur führt. Demgemäß gehen in (Groß-)Organisationen allenfalls bestehende demokratische Zugänge nach und nach verloren und es löst sich die (in der Organisation aktive) Elite in ihrer Interessenslage von den Mitgliedern ab („selbstzweckhafte Organisationsstruktur": *Michels*, Zur Soziologie des Parteiwesens in der modernen Demokratie 1911).

Ökonomen wie etwa *Josef Alois Schumpeter* (1883-1950; Kapitalismus, Sozialismus und Demokratie 1942) vertreten die Auffassung, dass – vor dem Hintergrund der differenzierten gesellschaftlichen Zugänge („Gespaltenheit der Gesellschaft"), die auf unterschiedliche (politische und ökonomische) Interessenlagen und Weltanschauungen gegründet sind – Elitentheorie als Konkurrenztheorie zu sehen ist. Dies bedeutet vor allem, dass sich in demokratischen Systemen auf Basis politischer und ideologischer Auseinandersetzung von konkurrierenden Organisationen (Parteien) jene durchsetzen, welche den meisten Zuspruch beim Volk erlangen können.

Die Vielschichtigkeit des Deutungsversuches in der Historie setzt sich bis heute fort, bildet jedoch nunmehr zunehmend einen Schwerpunkt in der Soziologie und empirischen Sozialforschung.

Gegenstand der modernen Elitensoziologie

Die Soziologie, welche ihren zentralen Forschungspunkt in der Untersuchung der Gesellschaft in all ihren Aspekten sieht, beleuchtet das Phänomen „Elite" insbesondere im Rahmen folgender Fragestellungen (dazu etwa: *Urs Jaeggi* [geboren 1931], Die gesellschaftliche Elite[2] 1967):

- Wie setzen sich Eliten zusammen?
- Wie erlangen Eliten Anerkennung und Macht innerhalb der Gesellschaft?
- Welchen (konkreten) Einfluss nehmen Eliten wahr?
- Gibt es Durchlässigkeit von außen in Eliten? Welcher Art sind diese Durchlässigkeiten gegebenenfalls?
- Wie verläuft der Auf- und Abstieg innerhalb der Elite?
- Wie erfolgt eine Elitenablöse bzw ein Elitenwechsel?

Elitenforschung: Beispiel USA

Als Beispiel für die Elitenforschung, welche sich den oben genannten Fragestellungen zuwendet, kann etwa auf *Charles Wright Mills* (1916-1962) verwiesen werden. In seiner Arbeit „The Power Elite" (1956) vertritt *Mills* die Auffassung, dass in den USA ein Konglomerat von Macht durch das Zusammenspiel von Wirtschaftselite, militärischer Elite sowie der den Exekutivapparat steuernden politischen Elite vorherrscht. Auf der Basis weitgehend gleich gelagerter Interessen im Rahmen dieser drei Elitensysteme, welche durch verwandte Weltanschauung und Herkunft noch gefestigt werden, wird enger persönlicher bzw gesellschaftlicher Umgang zwischen den Spitzen dieser drei Eliten betrieben, welche zu einer umfassenden Beeinflussung nahezu aller Lebensbereiche führt.

Elitenforschung: Beispiel Deutschland

Für Deutschland kann etwa auf das von *Stefan Hradil* (geboren 1946) und *Peter Imbusch* (geboren 1960) herausgegebene Standardwerk „Oberschichten – Eliten – Herrschende Klassen" aus dem Jahr 2003 verwiesen werden, worin neben konzeptionellen Grundlagen der Elitenforschung ua untersucht wird, wie Eliten leben, welche internationalen Unterschiede bestehen und ob bzw in welchem Umfang sich bereits transnationale Eliten etabliert haben bzw im Begriffe sind, dies zu tun.

Elitenforschung: Beispiel Österreich

Für Österreich bietet etwa *Gernot Stimmer* (geboren 1941) eine umfassende Analyse der „Eliten in Österreich von 1848 bis 1970" (Band 1 und Band 2 1997); er arbeitet dabei ua die Bedeutung von so genannten „Anstaltseliten" und „Bundeliten" heraus. Bei Anstaltseliten handelt es sich um Absolventen (bzw Absolventinnen) von (Elite-)Bildungseinrichtungen bzw -anstalten, denen im Rahmen ihrer Ausbildung einschlägige Prägungen vermittelt werden, die entsprechende Elitenzugänge ermöglichen. Bundeliten können als Vereinigungen angesprochen werden, innerhalb derer sich entsprechende Beziehungen knüpfen lassen, die (elitäre) Führungs- und Machtzugänge gewährleisten (können).

Hergebrachte Elitendefinition

Von den vielen definitorischen Ansätzen ist wohl jener am Gebräuchlichsten geworden, der Elite mit jenen Führungspersönlichkeiten gleichsetzt, die zu einem bestimmten Zeitpunkt in Politik, Wirtschaft, Wissenschaft, Kultur, Religion, Militär etc „das Sagen" haben, wobei die Dauer der Zugehörigkeit ungewiss bzw umstandsbezogen sein kann.

Einzelne Eliten-Begriffe

Vor allem im Rahmen der soziologischen Elitenforschung haben sich – jeweils in Abhängigkeit vom Untersuchungsfeld bzw -zugang – unterschiedliche Arten von Eliten-Begriffen herausgebildet; die wichtigsten sollen (ohne den

Anspruch auf Vollständigkeit erheben zu können) im Folgenden kurz dargestellt werden:

– *Wertelite*: Dabei handelt es sich um Eliten, welche auf Basis von (anerkannten) Werthaltungen (strukturierte) Entscheidungen fällen bzw Macht ausüben und sich dabei an den innerhalb der Elite vertretenen Werten bzw Haltungen orientieren. Im Kern sind Werteeliten durch traditional-wertrationale Selektionskriterien bestimmt; sie prägen in aller Regel die gesamtgesellschaftlichen (Wert-)Auffassungen.

– *Funktionselite*: Dazu zählen Inhaberinnen bzw Inhaber von maßgebenden Stellen bzw Positionen, die regelmäßig im Wege von zweckrationalen Kriterien in die Funktion bzw Position ein- bzw aufsteigen. Demgemäß ist der Zugang zur Funktionselite grundsätzlich offen und pluralistisch ausgestaltet, so dass qualifizierte Personen in Funktionseliten ein- und aufsteigen können.

– *Leistungselite*: Im Verhältnis zwischen Leistungs- und Funktionseliten gibt es zahlreiche Berührungspunkte bzw Wechselwirkungen; gemeint ist mit der Dimension der Leistungselite jene Elitenherausbildung, welche ihre Angehörigen vor allem nach Maßgabe von herausragenden Leistungen auf dem Gebiet etwa der Ausbildung oder des Berufes auswählt; auf soziales bzw ethnisches Herkommen wird hingegen grundsätzlich nicht abgestellt.

– *Repräsentationselite*: Auch betreffend die Repräsentationselite gibt es entsprechende Berührungspunkte zu den zuvor skizzierten Elitenzugängen; gemeint ist mit Repräsentationselite jener Elitenselektionsmechanismus, der vor allem im Wege der Delegation von statten geht (zB Regierungsmitglieder; Repräsentanten von Arbeitgeber- oder Arbeitnehmerverbänden).

- *Regulierte Elite:* Darunter sind jene Kategorien zusammengefasst, bei welchen der Zugang zur Elite auf Basis von Vorschriften für Studienzugang, Berufszugang etc determiniert wird (zB Fachärztin bzw Facharzt für Gehirnchirurgie).

- *Manipulierte Elite:* Unter dem Begriff der „manipulierten Elite" werden Phänomene zusammengefasst, bei welchen im Wege von Täuschungen oder auch Propagandamaßnahmen Personen in eine bestimmte Führungs- bzw Machtposition gehoben werden, ohne dass sie über die dafür nötigen Voraussetzungen bzw Qualifikationen verfügen.

- *Freigewachsene Elite*: Dabei handelt es sich um Elitensysteme, welche ohne Regulierungen oder Manipulationen teilweise spontan oder auch anlassbezogen, meist auf Basis von öffentlichkeitswirksam anerkannten Leistungen entstehen (zB „Künstlerelite").

Kritik und Grenzen

Namentlich Analysen aus der jüngeren Vergangenheit machen deutlich, dass insbesondere jene Zugänge, welche – vor dem Hintergrund einer generellen Notwendigkeit zur Herausbildung von Führungseliten – der Bildung von Leistungseliten das Wort reden, auf Grenzen stoßen. So hat insbesondere der deutsche Soziologe *Michael Hartmann* (geboren 1952) in seinem Werk „Der Mythos von den

Leistungseliten" (2002) eindeutig nachgewiesen, dass nach wie vor der sozialen Herkunft bei der Erlangung von Zugangschancen zu Elitenpositionen eine erhebliche Bedeutung zukommt. Daraus ist zu folgern, dass selbst im System der Leistungselite die Dimension der Chancengleichheit zu kurz kommt.

Rekrutierungsaspekte

Die Elitenrekrutierung kennt – wie oben ausgeführt – unterschiedliche Auswahlkriterien je nach Gesellschaftsmodell; in geburtentragenden, autokratischen Gesellschaften einerseits oder reifen, demokratischen Gesellschaften anderseits erfolgen die Zuordnungen völlig unterschiedlich.

In pluralistisch-demokratischen Systemen werden Delegationseliten zB durch Wahlen legitimiert; bei Wirtschaftseliten gelten vielfach messbare Kriterien (zB Kennzahlen: Umsatz, Gewinn), bei Medienunternehmen kann es die Auflagenzahl sein, bei Sport und Kultur erfolgt die Rechtfertigung durch außergewöhnliche bzw herausragende Leistungen (zB Schnelligkeit im Sport oder schöpferischer Akt in der Kunst). Diese Differenzierung betreffend die Elitenrekrutierung kann sowohl zur gegenseitigen Integration als auch zur Ablehnung (zB durch Abwertung, Desinteresse) führen, wobei letzteres oftmals durch Neid ausgelöst wird.

In den westlichen Gesellschaften fällt auch die Eliten-Zuordnung durch die Menschen regelmäßig sehr differenziert aus. Am Beispiel der Einkommen und ihrer Rechtfertigung ist dies am deutlichsten zu erkennen: Die Bezüge der Politikerinnen und Politiker werden in den Augen vieler als grundsätzlich zu hoch eingeschätzt (Motto: „Jeder versteht etwas von Politik!") – die Bezahlung eines Fußballstars gilt hingegen regelmäßig als angemessen (Motto: „Das kann ja nicht jeder!"). In derartigen Ansätzen bzw Zugängen manifestiert sich die Tendenz der gesellschaftlichen Aufspaltung; wobei in langen Perioden der Prosperität und Risikobegrenzung für die bzw den Einzelnen sich die Risse im Gemeinschaftsgefüge verschärfen, was letztlich auf die Eliten zurückschlägt und ihre Reputation abbaut.

Angemerkt sei, dass die pauschale (und oftmals einseitig abwertende) Elitenkritik zB auch längst vor der Wissenschaft nicht mehr haltmacht, denn auch diese hat sich durch ihre Beratungstätigkeit vielfach als „Wasserträger" für wirtschaftliche und politische Akteure dargestellt und dadurch zum Teil diskreditiert.

Ein Gegenentwurf

Daraus entsteht die Notwendigkeit, Eliten neu zu sehen, zu bestimmen und zu akzeptieren. Wir unternehmen mit dieser Schrift den Versuch, das menschliche Verhalten in den Vordergrund zu rücken, und dies im klaren Bewusstsein dessen, dass letztlich das Menschsein wohl kaum den allerhöchsten Ansprüchen (zB im Sinne von *Immanuel Kant*, 1724-1804) entsprechen kann.

Ein weiterer Aspekt, der uns zur begrifflichen Deutung des elitären Verhaltens geführt hat, resultiert aus der Beobachtung, dass die gegenwärtige Gesellschaft über ein beachtlich hohes Ausmaß an (beruflich) gut und sehr gut ausgebildeten Menschen verfügt; gleichzeitig aber zahlreiche (gesellschaftliche) Defizite (zB Überheblichkeit, Desinteresse) daraus resultieren, dass der lange Zeitraum des gesellschaftlichen Wohlergehens als selbstverständlich angesehen wird und nichts stets neu erworben werden muss. – Es bedarf daher einer „neuen" Gewöhnung an Risiken, Gefahren und damit auch der für die gesellschaftliche Entwicklung unverzichtbar wichtigen Bereitschaft zur Übernahme von Eigenverantwortung. Die Bildungsaufgabe von heute besteht daher nicht mehr nur in der Auseinandersetzung zwischen Geist und Macht, die Jahrhunderte lang die Bildungsfragen bestimmt hat, sondern es geht dem Grunde nach längst um das soziale Regelverhalten: Darunter ist zu verstehen, dass zB Gesetzeskonformität alleine – um diesen Aspekt herauszugreifen – nicht ausreicht, sondern, Bildung umfasst die Unterwerfung auch unter soziale Werte. Gleichgültig, wo immer man ansetzt, die (teilweise undifferenzierte) Kritik an den gegenwärtigen Eliten macht sich dort fest, wo das Gefühl besteht, dass das Norm- und Normalverhalten der Bürgerinnen bzw Bürger für „die Elite" (oder: „die da oben") nicht oder nur partiell zur Anwendung bzw Geltung kommt.

Naturgemäß bedeutet all dies nicht, dass der vielfach gewünschte Austausch der Eliten allein längerfristig die Grundprobleme (zB: Umweltzerstörung, Klimawandel, Zuwanderung, Verteilungsgerechtigkeit) einer Gesellschaft lösen kann. Es ist vielmehr die Einstellung zu Werten, also Ethik als Philosophie der Moral, die bei aller Wandelbarkeit von den Eliten (voran-)getragen und auf die Gesellschaft übertragen und von dieser akzeptiert werden müssen. Unser Ansatz beschäftigt sich daher letztlich nicht mit Eliten an sich, sondern mit „elitärem Verhalten". Zur Verdeutlichung: Werthaltungen erzwingen den Diskurs und führen zu Auseinandersetzungen über moralische Fragen. Vernunft alleine erzwingt noch keine Moral.

Elitenkritik

Die Relativierung der Werte und Orientierungen in der Spät- und Postmoderne haben in den westlichen Demokratien einen Kulturwandel im bedeutsamen Ausmaß bewirkt. Diese Wirkmacht hat in den bestehenden Eliten sowohl deren Bedeutungsgehalt als auch den Aspekt der Elitenzugehörigkeit ganz wesentlich in Frage gestellt.

Die Suche nach neuen oder alten Werten ist damit in eine neue Phase getreten, die sich vor allem dort manifestiert, wo etwa gegen „die Globalisierung" remonstriert wird. Beim Versuch ein Regelwerk zu etablieren, dem auch globale Geltung zukommen könnte, erkennt man bislang ausschließlich ökonomisch determinierte Pfade und Verwirklichungen: So gut wie alle internationalen Abkommen mit Rechtsverlagerungen auf die Ebene von Schiedsgerichten unterlaufen rechtsstaatliche, demokratisch legitimierte Regeln und erfassen zunehmend jene Bereiche, die sich in der Digitalisierung verselbständigen und ihrerseits selbst zur Gefahr werden. Die Folge daraus ist das Erwachsen einer Sehnsucht nach einem Mindestmaß an sozialer Sicherheit, aber auch nach Schutz vor Zuwanderung, vor Kriminalität und spezifischer (religiöser) Radikalisierung. Für viele wird dies mit dem Verlust der Grundkompetenzen des Nationalstaates in Einklang gesetzt; dazu kommt, dass sich große Teile der bestehenden Eliten – vor allem auf Grund des eigenen Freiheitsdranges und aus ökonomischen Erwägungen – der Globalisierung verschrieben haben. Der in vielen Eliten vorfindbare Zugang, die Individualisierung zu forcieren und gleichzeitig das Gesamtwohl hintanzustellen, beschleunigt das Entstehen von Misstrauen und Ängsten in großen Teilen der Gesellschaft noch zusätzlich.

Bei all dem wird aktuell häufig übersehen, dass – da ja Geschichte und Geschichtsbewusstsein leider nicht gerade hoch gehalten werden – die Nationalstaaten des 19. Jahrhunderts die Voraussetzung einer Ordnung für die damals ungeordnete und sich zum Teil brutal ausbreitende Internationalisierung vor allem dadurch und insoweit gewährleistet haben, als durch Abkommen zwischen den einzelnen Nationalstaaten eine gewisse – wenn auch sehr instabile – (internationale) Rechtssicherheit herbeigeführt werden konnte. Die rasante Internationalisierung, kombiniert mit den Eigenschaften des Kapitalismus rief aber schon damals jene auf den Plan, die nach der Bändigung dieser Phänomene suchten, um dieser Globalisierungs-Welle Einhalt zu gebieten und Ordnung zu schaffen. Der Traum von der Rückkehr zum klassischen Nationalstaat und die Loslösung von Bindungen wie sie etwa mit der EU einhergehen (müssen), spiegelt sich aktuell in jenem Populismus der Rechten, aber auch der Linken wider, die dadurch ihre Attraktivität erhöhen können. Auch damit sind die globalisierungsbegeisterten Eliten in Frage gestellt. Dieser Umstand erklärt sich auch daraus, dass sich die Vorteile, die sich mit dem (Aus-)Nützen der bestehenden Freiheiten vorwiegend auf jene beschränken, die in den einzelnen gesellschaftlichen Lebensbereichen (vom Sport, über Wirtschaft bis etwa zu den Wissenschaften) in der gesellschaftlichen Pyramide an deren oberen Ende zu finden sind.

Die Eliten haben überdies unterschätzt, dass auch ihre Ideologie, insbesondere die des Neoliberalismus, aber auch die linken „Extremträume" andere Ideologien auf den Plan rufen. (Ideologien werden im gegebenen Zusammenhang als geschlossene Ideen und Wertsysteme der Welterklärung und Ordnungsgestaltung definiert; sie sind Angebote zur kollektiven Identitätsstiftung). Manche dieser gefährlichen „Neuideologien" bedienen sich der Exklusion, der Verachtung, der Ablehnung des Andersseins (von der Fremdheit bis zur Religion) und dergleichen mehr; in einem radikalen Nationalismus findet sich all das wieder.

Die Identifikation der Bevölkerung eines Nationalstaates als „kulturelle Gemeinschaft" bei gleichzeitiger Exklusion bestimmter Bevölkerungsgruppen ist keineswegs neu: Im 19. Jahrhundert, als sich die Nationalstaaten konstituierten, war der Hinweis auf unterschiedliche kulturelle Klassifikationen ein starkes „Bindemittel", welches sich nach der Auflösung der alten Großreiche nach dem 1. Weltkrieg in immer radikalerer Ausprägung fortsetzte.

Wenn der „häusliche Herd" ruft, die ökonomischen Verheißungen zu Ende gehen und Mindeststandards des Sozialen sich zunehmend auflösen, entsteht eine Suche nach neuen Werten und diese Suche beginnt damit, dass der Ruf zur Ablöse der alten Eliten massiv wird.

Fehlentwicklungen werden eben nicht akzeptiert, wenn sie als ethisch entkoppelt und als unerträglich empfunden werden. Der Populismus nützt negative Strömungen, weil Menschen weder mit der Geschwindigkeit des gesellschaftlichen Wandels noch mit der Ausdehnung ihrer Probleme zu Rande kommen. Der Nationalstaat kann daher unter dem Gesichtspunkt, ein Mindestmaß an sozialer Einbettung und öffentlicher Sicherheit zu garantieren, als unverzichtbar gelten und er hat somit nicht ausgedient. Die innerstaatliche Korrektur ist vielfach durch föderale Strukturen grundgelegt.

All diese Kritik kann aber naturgemäß nicht bedeuten, dass auf Eliten verzichtet werden kann. – Wo stünden wir ohne Bildungs-, Wissens- und Kultureliten, die Einfluss auf unsere Gesellschaft üben? Wohin kämen wir mit unseren zivilisatorischen Errungenschaften, die ohnehin oftmals nur mit einem dünnen Firnis der Humanität versehen sind, ohne Eliten?

Leitthemendiskurs

Dies gilt insbesondere in Hinblick auf die Gestaltung bzw Lenkung des gesellschaftlichen (Leit-)Themendiskurses. In aller Regel werden die jeweils aktuellen Diskurse auf punktuelle Felder der jeweiligen Interessenlage (zB Arbeitszeitflexibilisierung) von den so genannten Eliten (oder Teilen davon) kreiert, in der Gesellschaft vertreten und in der Folge in einer vorgegebenen „Sprachregelung" kommuniziert. Mit derartigen „themenbildenden Eliten" verbunden sind meistens auch bestimmte Organisationen, die der Umsetzung der so genannten Reformen dienen (sollen) und zugleich davon profitieren (können).

Bestenfalls ist dieser Teil der „Themenelite" im Verhältnis zur Gesamtbevölkerung mit einigen wenigen Prozenten anzusetzen und daher jedenfalls als klare Minderheit anzusprechen, die aber Lebens- und Verhaltensregelungen für die restliche Bevölkerung vorgeben möchte, die oftmals völlig andere Neigungen, Wünsche bzw Sorgen und Probleme hat. – Derartige Phänomene erzeugen nahezu in selbstverständlicher Art und Weise eine massive Elitenkritik, welche inhaltlich die Ablöse der „alten Eliten" vorantreibt. Damit geht einher, dass sich die längst desinteressierte Mehrheit abwendet, das Interesse an Gesellschaft, Politik, Gemeinsinn und sozialer Verantwortung verliert und damit ein (politisches) Vakuum entstehen lässt, in welchem autoritäre Tendenzen bestens blühen und gedeihen können.

Eliten der Zukunft

Das Erstreben eines guten Lebens für die Gemeinschaft und für die Einzelne bzw den Einzelnen war zu gewissen Zeiten unbestrittenes Staatsziel und damit ein ethisch-moralischer Anspruch. Die Frage „Was verlangt ein gutes Leben?" ist das Suchen nach Leitlinien für Politik und Gesellschaft und damit auch der Ökonomie, sich an diesen zu orientieren. Wenn die Beliebigkeit der Spät- oder Postmoderne die Moral ausdünnt, verliert sich auch die ewige Fragestellung, „Was ist gut für eine Gesellschaft?" im Nebel des Ungewissen. Die (Lebens-)Inhalte werden individualisiert und zB auf Konsum, Unterhaltung, Sensationslust etc ausgerichtet. Demgemäß gilt es, dass die maßgeblichen Eliten zum Gemeinwohldenken zurückkehren und nicht in erster Linie die Finanzierbarkeit von Spiel und Spaß („panem et circenses") garantieren; schließlich macht uns eine (bloß) ökonomisierte Welt nicht glücklich und kann letztendlich die Grundlagen unseres Menschseins nicht ausreichend befriedigen. Die Frage nach dem Sinn des Lebens ist wieder aufzuwerfen und dies erst recht angesichts des Vormarsches neuer Technologien, die mit unglaublicher Geschwindigkeit von uns und unserem Leben Besitz ergreifen und uns wohl auch oftmals überfordern.

Die Autoren meinen daher schließlich, dass die Elitenkritik auch mit den gigantischen technologischen Veränderungen, die von kaum jemandem mehr erfasst und ihrer Gesamtheit überblickt werden können, in Verbindung steht. Wenn letztlich unser Leben nur noch aus Algorithmen und deren Anwendung bestünde, würde dies unser Menschsein dramatisch verändern; denn erfasst könnte das alles nicht mehr werden (*Iuval Noah Harari* [geboren 1976], Homo Deus 2017, 379 ff und 413 ff). Vielleicht gäbe es einige Wenige, die körperlich und geistig so „fit gemacht" würden, dass sie sich an die Spitze einer Gesellschaft stellen könnten und auch noch ihre Empfindungen und Emotionen ausleben (dürfen). Diese neue Elite bestünde dann aus jenen „Auserwählten", die unser Informationssystem noch durchschauen und steuern. Der überwiegende Teil der Menschen wäre freilich nicht mehr in der Lage, die Zusammenhänge tatsächlich zu erfassen, so dass eine neue privilegierte geistige und körperlich optimierte Führungsschicht entstünde. Selbst, wenn sich Lebensbedürfnisse für alle verbessern würden, die Abstände zwischen Wissenden und Nichtwissenden würde immer größer werden. Derartige neue Eliten würden naturgemäß teilweise aus den alten Eliten entstehen, schon allein deswegen, weil sie die ökonomischen Voraussetzungen für die Herstellung der geistigen und körperlichen Fitness vorfinden. Aber die Auslese beginnt eigentlich dort, wo die Möglichkeiten, Informationen aufzunehmen und zu verarbeiten, gegeben sind. Interessant ist dabei, dass das zuletzt Geschilderte ein sehr altes Phänomen ist, denn die Exklusivität und Geschwindigkeit der Information war zu allen Zeiten das wichtigste Führungsinstrument. Und als ebenfalls althergebracht stellt sich auch das Zusammenfließen dieser Instrumente in den Händen einiger weniger dar. Die Tendenzen der Zukunft vermitteln tatsächlich das Bild, dass die Masse der Menschen nicht mehr oder zumindest immer weniger „gebraucht" wird; durch den Einsatz der „Kombination menschliches Gehirn und Computer" werden auch immer weniger Menschen für die Produktion benötigt. Damit einher geht der Umstand, dass die Menschen immer stärker ihre mitbestimmende Kraft in der demokratischen Gesellschaft verlieren (*Harari*, aaO). – Eine Formaldemokratie, in der man nur mehr wählen geht, ohne etwas beeinflussen zu können, wäre auf den Weg gebracht.

Die umfassenden Erkenntnisgewinne in Gen- und Nanotechnologie und Biologie, als „unsere" neue Intelligenz der angewandten Algorithmen, haben mit Moral nichts mehr zu tun und konzentrieren sich ausschließlich auf Rationales bzw Machbares, das heißt in diesem Fall: auf Optimierung in den wichtigsten Lebensbereichen.

Wenn die neuen Eliten tatsächlich durch Datenuniversalität entstehen würden, hätten wir uns vom Menschsein entkoppelt. Es ist ein ähnlicher und doch nicht vergleichbarer Prozess, wie die Entkoppelung unseres Lebens vom Glauben und großer Narrative der Menschheitsgeschichte; aber wohl auch kein Schritt der Aufklärung und Individualisierung wie behauptet – eher ein Weg in eine neue „Vermassung", unter fragwürdiger Führerschaft.

Ein weiterer Aspekt, der die alten Eliten in Frage stellt, resultiert daraus, dass die Anpassungs- und Widerstandsfähigkeit des Kapitalismus dessen lange Wirkdauer ermöglicht und die Gewöhnung an kapitalistische Mechanismen in unserer Gesellschaft verfestigt hat: Der Kapitalismus ist effizient, vielfach wohlstandsfördernd, entfesselt individuelle Kräfte und Freiheiten, begünstigt Aufstieg zur Führung. – Dieses Muster hat sich in allen Lebensbereichen ausgebreitet und auch vor der Politik und unserer Demokratie nicht haltgemacht. Es wird zwar nach wie vor demokratisch gewählt, aber die wirklichen Entscheidungen werden zunehmend gerne so genannten „starken Persönlichkeiten" überlassen. Das Wirtschaftssystem hat eben auch die Demokratie infiltriert. Und gerade davon leitet sich die Kritik an den alten Eliten ab, mit denen man eigentlich nichts zu tun haben und denen man schon gar nicht angehören will. Diese Form der Elitenkritik ist nahezu zu einem Markenzeichen der Gegenwart geworden und soll eine Volksverbundenheit durch eine „neue Führerschaft" verheißen, die sich zB in der Unterstützung von Plebisziten und so genannten „(Volks-)Bewegungen" – als Gegenentwurf zur Parteiendemokratie – manifestiert. Der Rechtsstaat gilt vor allem deshalb als bedroht und der Sozialstaat befindet sich in zunehmender Aushöhlung: Das Tor zum Populismus ist weit geöffnet (s dazu bereits oben).

Zukünftiges elitäres Verhalten wird daher wohl darin zu bestehen haben, sich auf die Suche nach dem menschlichen Maß, das sich am Glück eines guten Lebens bemisst, zu machen. Der Maßstab hat sich immer schon gewandelt und wird dies weiter tun; eine kritische Sicht auf das Jetzt und eine Reduktion des Materiellen zu Gunsten der Bildung (und nicht nur der *Aus*bildung) erhöht die Möglichkeiten, Erwartungen und Hoffnungen auch an die Eliten.

II. Widersprüchliches

Elitäres Handeln im Alltag

Die vorstehenden kursorischen Ausführungen haben deutlich gemacht, dass seit jeher das Thema „Elite" gewissermaßen reflexartig mit Machtinnehabung bzw Machtausübung gleichgesetzt worden ist. Zwar lassen sich – im historischen Wandel bzw im Umfeld zu den jeweils herrschenden Grundsystemen – diesbezüglich unterschiedliche Elitenzugänge in der Theoriebildung und deren praktischen Auswirkungen festmachen, doch wird das Thema der „elitären Handlung in der Alltagssituation" bislang im einschlägigen wissenschaftlichen Diskurs, wenn überhaupt, so nur am Rande beleuchtet.

Die nachfolgenden Überlegungen sollen kontrafaktisch dazu eine Perspektive für ein alltagstaugliches elitäres Handeln darlegen, das – so sind die Verfasser dieser Zeilen überzeugt – einen nachhaltigen Beitrag für ein besseres gesellschaftliches Miteinander bilden kann. Die Autoren dieser Schrift erlauben sich eine Vision zu formulieren, die der Nachdenklichkeit entspringt.

Keine Romantik

Dass die Eliten-Zuordnungen nicht nur mit Vernunft oder gar Werthaltungen zu tun haben, sondern auch eine scheinlogische Rechtfertigung in sich birgt, ist als Erkenntnis Teil der Begriffsbildung und -erweiterung im 19. Jahrhundert (und im Höhepunkt als revolutionäre Bewegungen). Die Verwerfungen, die mit übersteigertem, entrücktem elitärem Zugehörigkeitsdenken begründbar sind, wurden im 20. Jahrhundert besonders sichtbar und mit allen erdenklichen Schrecknissen evident (*Martin Broszat* [1926-1989]/*Klaus Schwabe* [geboren 1932] [Hg], Die deutschen Eliten und der Weg in den Zweiten Weltkrieg 1989, insbesondere 40 ff und 191 ff).

In der zweiten Hälfte des 20. Jahrhunderts wurde in den demokratischen Gesellschaften versucht, den Elitenbegriff gesellschaftlich zu erweitern und trotzdem die Rechtfertigung vorwiegend auf den verengenden „Leistungsbegriff" zu gründen.

Vernebelung

Mit der zunehmenden Ökonomisierung der Gesellschaft sind andere Begründungsformen fast völlig entschwunden; dieser Umstand trägt ganz wesentlich dazu bei, dass es zu einer „Vernebelung" in Hinblick auf das (faktische) Entstehen von Eliten gekommen ist, zB dadurch, dass Vermögen aber etwa auch Bildung und sonstige Chancen zu weiten Teilen vererbt werden.

Was also ist Leistung? Offensichtlich ein wandelbarer Begriff, der sich mit den Zeiten verändert und von der poli-

II. Widersprüchliches

tischen Elite verbunden mit der kirchlichen bzw religiösen Ebene bis zu den Erfolgreichen in Wissenschaft, Kultur, Journalismus, Sport etc erweitert (hat). Diese Verbreiterung wirkt scheinbar demokratisch, ohne es in vielen Fällen tatsächlich zu sein. Die politischen und ökonomischen Eliten bilden sich vor allem durch Zugehörigkeitsverhalten, Zugehörigkeitsgefühle, institutionalisierte Einrichtungen wie Internationale Treffen (zB die „Geldmacher" in Jackson Hole und Genf; die Prominenz aus Politik, Wirtschaft und Wissenschaft in Sankt Moritz), Prominenten-Klubs (zB Bilderberger-Treffen).

Im Journalismus gibt es Abhängigkeiten ökonomischer und politischer Art, so dass auch dort die Elitenbildung kaum als demokratischer Prozess gegeben ist.

In der Kunst und Kultur bestehen regelmäßig umfassende Abhängigkeitsverhältnisse zur Ökonomie, zur Politik (*Hans-Lothar Merten* [geboren 1942], Schöner Schein – Hinter den Kulissen der Kunstbranche 2017) oder anders gesagt: Es bestehen bestimmte Formen der Kommerzialisierung; diese wiederum lösen in diesen Bereichen die demokratische Grundlegung weitgehend auf. Dazu kommt, dass Kultur, Sport und Wissenschaft schöpferischer Natur sind und demgemäß bereits endogen in aller Regel demokratische Prozesse keineswegs Quelle ihres Wertes darstellen (können).

Die aktuelle Elitenerklärung ist somit recht willkürlich; sie gründet sich zwar durchaus (auch) auf Leistung, aber eben vor allem auf die genannten Zusammenhänge und vermittelt somit keine Antwort auf die Frage „Was ist eigentlich elitäres Verhalten?" Und dies ist für uns die eigentliche Kernfrage, der es sich zu stellen gilt.

Handlung und Lebensführung

Eine (außenwirksame) Handlung, die gesetzt wird, hängt von der jeweiligen „Innerlichkeit" ab bzw ist von dieser determiniert. Das Innerste bestimmt die Handlung und in der Spontanität ist am ehesten zu erkennen, wie jemand als menschliches Wesen „dasteht". Eine Verzerrung entsteht vielfach dadurch, dass das eigene Handeln durch die gewollte äußere Wahrnehmung und Wirkung geglättet wird. Die geistige Grundhaltung und nicht die äußere Form bestimmt letztlich das jeweilige Handeln. Die Eingrenzungskriterien zum Elitären sind nicht leicht zu fassen, aber Nachdenklichkeit, Großzügigkeit, menschliche Vernunft und Empathie sind als Determinanten auszumachen. Klischees, wie die Zugehörigkeit zB zu den „Reichen", zu den „feinen Leuten" sind vielfach nur Etiketten, ohne begrifflich etwas vermitteln zu können.

Haltung und Selbstreflexion

Bei so viel Unbestimmtheit gilt es daher in naheliegender Weise, – wie schon angedeutet – die Definition des Elitären auf weite Bevölkerungsteile auszuweiten und zwar vor allem auf all jene, die sich in ihrer Lebensführung auch darin wiederfinden, dass sie exklusives Verhalten ablehnen, den Auf- und Abstieg gelassen hinnehmen und den Wechsel in den Umständen bzw Gegebenheiten sogar befürworten.

Die Selbstrekrutierung der Eliten sollte demgemäß prioritär auf Lebensführung und Verhalten beschränkt sein. Menschen, die solcherart Achtung genießen, werden auch anerkannt, weil sie etwas vermitteln, was sich am besten mit dem Wort „Haltung" beschreiben lässt. Haltung erfließt aber – über eine lange Dauer – vor allem aus Beziehungsverhalten und (kritischer) Selbstreflexion. Die Selbstreflexion wiederum ermöglicht es auch, Rückschläge in Hinblick auf die Lebensführung zu akzeptieren, ohne sich gleichzeitig entmutigen zu lassen.

Internationale Elite

Neben Bildung, Weiterbildung, Leistung und Vermögen, woraus Eliten entstehen, ist für unsere Zeit der Versuch einer Erklärung über die Zugehörigkeit zu internationalen Eliten zu unternehmen. Dabei geht es für die künftige Relevanz dieser Frage weniger darum, ob diese aus den Oberschichten der nationalen Familien rekrutiert werden, denn das ist offenkundig, wenn man Namen, Herkunft, Unternehmen zB in den USA oder auch in Europa näher unter die Lupe nimmt. Es geht vielmehr um die Frage der Zukunft, denn die Internationalisierung ist ein längerer Prozess, der sich über ähnliche Bildungsstandards künftiger Eliten herleiten könnte.

Die Globalisierung der Bildungsstandards hat sich in den letzten zehn bis 15 Jahren ungeheuer rasch ausgeweitet, während dieser Mechanismus zuvor sehr träge ablief. Ob sich dann letztlich die globale Welt auch auf breiter Ebene Elitenaustausch gegenüber nationalen Interessenlagen forciert wiederfindet, ist noch nicht eindeutig absehbar.

Die Existenz internationaler Eliten oder auch bloß deren Lebensentwürfe (also so etwas wie „eine gemeinsame Art zu leben") ist indes kaum feststellbar; vor allem beim Bildungsanspruch in Kultur, Wissenschaft etc klaffen die Dimensionen in den einzelnen (internationalen) „Elitezirkeln" besonders weit auseinander. – Eine sozial geschlossene und abgestimmt agierende Weltelite ist – mit Ausnahme bei internationalen Großkonzernen durch personelle Vielfaltsbesetzungen – nicht zu erkennen (*Hartmann*, Die globale Wirtschaftselite 2016, 190 ff).

Aber bereits aktuell ist eine immer stärkere Vernetzung und Interessenabstimmung der jeweils nationalen Eliten feststellbar; demgegenüber ist die formale Globalisierung, also die Internationalisierung der Eliten derzeit noch als verhältnismäßig gering einzustufen. Um einen Verhaltensmodus auf dieser Ebene überhaupt ausmachen zu können, sind Zeit und Rahmen des Geschehens anders zu deuten. *Michel Foucault* [1926-1984], der altbewährte Machttheoretiker, weiß auch da Bescheid, wenn er Macht als „die Vielfalt von Verhältnissen, die ein Gebiet bevölkern und organisieren", definiert (Sexualität und Wahrheit 1977). *Foucault* zeichnet damit vorausschauend, dass es die (globalen) Räume sind und nicht mehr die Staaten alleine, die Machtgefüge und ihre Handhabung ermöglichen, wenn man zB an die Globalisierung der Märkte, der Unternehmen etc mit ihren ausgeprägten Wirkmöglichkeiten denkt.

Um zB den international gelebten Kapitalismus (siehe China) zu zähmen, bedarf es daher der Rückkehr der engagierten Politik und zwar nicht nur auf nationaler, sondern vor allem auch auf internationaler Ebene. Maßgeblich dafür wäre freilich die Etablierung jener Verhaltensregeln, die derzeit offenbar nicht besonders „in" sind, nämlich: entsprechende (Verfassungs-)Strukturen, Fairness, gegenseitige Rücksichtnahme und andauernde Nachdenklichkeit. Als einen ersten konstruktiven Schritt zur nachhaltigen Verbesserung der mit dem angesprochenen Thema verbundenen Gefahrenpotentiale wäre etwa an die Etablierung koordinierender Mechanismen von gleichgesinnten Staaten (und auch von Staaten und Interessensgruppen) zu denken.

Foucault verlangt daher die „Sorge um sich selbst als Bedingung gelingender Zuwendung" (Französische Philosophie im 20. Jahrhundert 1988, 291).

Michel Eyquem de Montaigne (1533-1592) formulierte Jahrhunderte davor, im Utilitaristischen wurzelnd: „Wer nicht irgendwie für andere lebt, lebt auch nicht für sich. Die Hauptaufgabe, die wir haben, ist für jeden sein eigenes Verhalten" (Die Essays. Drittes Buch, zehntes Kapitel 2005, 355 ff). (Für *Kantisaner* wohl zu wenig des Guten).

Offenbar ist die Gesellschaft und damit das Politische gerade nicht dabei, elitäres Verhalten als zunehmende Selbstverständlichkeit zu erkennen. Die Nachdenklichkeit entflieht zu Twitter oder zur Massenmobilisierung.

Genderdimension

Ein deutlich erkennbarer Veränderungsschub lässt sich allerdings auf nationaler Ebene durch die Aufnahme von Frauen in die „elitären Kreise" registrieren. Der Faktor Bildung ist dabei ausschlaggebend, aber es gibt auch einen Gesinnungswandel moderner Gesellschaften. In der Politik ist diese Entwicklung schon deutlich zu erkennen; in der Wirtschaft ist dieser Prozess hingegen erst im Entstehen und Erweitern begriffen. Gerade Frauen würden oftmals mit ihrer ausgeprägten sozialen Kompetenz und Feinfühligkeit das politische und ökonomische Feld sorgsamer bestellen können.

Verhalten (als Schlüssel?)

Was ist Verhalten, worin dokumentiert es sich und was macht elitäres Verhalten überhaupt aus? – Wie bei vielen gesellschaftlichen und sozialen Phänomenen ist auch im Bereich der Fragen rund um die Abgrenzung von oder zu „elitärem Verhalten" auf Grund der mangelnden Zulänglichkeit der menschlichen Existenz und Ausstattung eine trennscharfe Grenzziehung so gut wie unmöglich. Allzu Vieles überschneidet und überschichtet sich und beeinflusst sich gegenseitig. Trotzdem gilt es die Frage zu stellen, welche Aspekte für die Zuordnung zur Elite überhaupt herangezogen werden können?

Prägendes Erleben

Am Anfang der Klärung dieser Fragestellung steht wohl das „Denken" und das „Erleben" oder vielleicht sogar umgekehrt, zuerst das „Erleben" in der Kindheit und in der Folge die Vermittlung eines Wertegefüges. Das Denken setzt dann in der Folge ein, man weiß nicht genau wann, aber das „Denken" ist dann sozusagen vor dem „Tun" der zweite Schritt und der dritte, „finale Schritt" ist dann das „eigentliche Tun" (Handeln).

Der Einfluss der Umgebungswelt ist in dieser Phase des Entstehens des „Denkens" und der Zeit davor entscheidend. An der Spitze dieser Entwicklungsdimension stehen regelmäßig Eltern in der Verantwortung, ob durch deren

II. Widersprüchliches

Vorleben und Wirken auf das Kind ein positives oder negatives Vermittlungspotential stattfindet. Später folgen dann Einflüsse von Dritten, insbesondere von Mitschülerinnen und Mitschülern, Kolleginnen und Kollegen, Freundinnen und Freunden und das berufliche Umfeld. Ob die Beobachtung bereits aktives Denken ist oder wann dieser Prozess beginnt, ist freilich schwer zu belegen. Damit kommt schon früh die Eigenbestimmung zum Tragen und auch das Denken, wie zum Beispiel beim Spiel, ist – je nach Alter und Fortschritt – zunehmend an die Eigenverantwortung gebunden.

Selbstfindung

Diesen (Entwicklungs-)Prozess könnte man die Selbstfindung nennen und das ist wahrscheinlich der wichtigste Teil im Werden des verantwortungsvollen Menschen. Daraus resultiert das Verhalten sich selbst und anderen gegenüber. Damit gelangt man neben dem „Erleben" und „Denken" schließlich zum „Tun", also der Frage, welche Handlungen aus diesen Prozessen, die hier nur angedeutet sind, im „Tun" enden. Aus den diffizilen Quellen des vorher Beschriebenen leitet sich diese Aktivität somit her. Wie dieses Handeln vom Individuum selbst empfunden und von anderen beurteilt wird, ist das Thema, dem sich die Autoren dieser Schrift gestellt haben und zwar in dem Sinne, dass der Frage nachgegangen wird, was ist *elitär als Lebensphilosophie* (also als Anleitung zum Handeln)?

Neue Betrachtungsdimension

Eine wesentliche Abweichung vom traditionellen Herkommen soll dennoch vorgenommen werden, dies in der Überzeugung, dass elitäres Verhalten sich nicht nur auf jene Spitzenpositionen bezieht, wie sie anfangs und heute allgemein üblich definiert werden. In Wirklichkeit kann auf verschiedensten Ebenen und auf verschiedenste Art durch „Erleben", „Denken" und „Tun" Führungseigenschaft entwickelt werden und damit elitäres Verhalten verbunden sein – oder eben auch nicht. Aber mit Lebensführung und Zugehörigkeit zu den Besten hat ein Verhalten im Sinne von Zuneigung, Empathie und Nachdenklichkeit allemal zu tun.

Historisches und Zeitnahes

In der (gesellschaftlichen oder individuellen) Angsterzeugung wird häufig ein probates Mittel gesehen, um in der Folge bislang abgelehnte oder verpönte Instrumente für die Durchsetzung der eigenen Ziele (zB Gewalt) einsetzen zu können bzw zu dürfen. Manche Eliten bedienen sich gerne des Instrumentes der Angst. In bestimmten Religionen (und vor allem im Monotheismus) ist dies durch Jahrhunderte bzw wird dies bis heute mitunter wirkungsvoll angewandt. Die Politik und ihre Eliten haben, so wie die religiösen Eliten, allein oder in Kombination mit anderen (zB religiösen, wissenschaftlichen, kulturellen) Eliten, oftmals Ängste geschürt und darauf aufbauend drakonische Mittel zur Machterhaltung eingesetzt. In der historischen Rückblende ergibt sich, dass kaum jemand an diesen – und schon gar nicht bei der Variante des Zusammenhalts zwischen Politik und Religion – „Gott und Macht gewollten Ordnungen" gezweifelt hat. Erst der spät entstandene liberale Rechtsstaat hat andere Dimensionen der Beurteilung ermöglicht und zugelassen.

Zivilisatorische Errungenschaften

Ein Blick in die Menschheitsgeschichte macht deutlich, dass vor allem mit dem Beginn der Neuzeit beachtliche Errungenschaften auf dem Gebiet der Grund- und Menschenrechte gelungen sind. Doch auch diese Errungenschaften sind nicht in Stein gemeißelt, denn die „zivilisatorische Überdeckung" von Gewalt, Willkür, Macht, Hass, Ausleben von Sexualität und Gelüsten etc ist äußerst dünn. Vielfach tendieren Individuen eher dahin, zur (herrschenden oder vorherrschenden) Elite aufsteigen zu wollen, als sich im Inhaltlichen verstanden „elitär" zu verhalten. (Nach *Max Horkheimer* [1895-1973] gibt es keinen vernünftigen Grund Böses zu unterlassen, wenn es von Vorteil ist.) Und das gilt nicht nur für Politik und Religion, sondern im Besonderen auch für die Wirtschaft, aber etwa auch für das Militär (vor allem als Hilfsmittel der jeweiligen Machtentfaltung und ihrer Erhaltung). Bei all dem spielen Kultur und Wissenschaft eine spezifische Rolle: Dabei ist die Kunst mitunter äußerst kritisch und daher in aller Regel nicht machtorientiert, sie hat sich aber zunehmend in die Fänge der Ökonomie begeben und ist damit Teil dieses elitären Systems geworden. (Wie oben bereits ausgeführt, erklärt uns die Wissenschaft, dass eine rein vernünftige Begründung nicht möglich ist.) Dies im großen

Unterschied zum Militär, das in den meisten Fällen ohnedies dem politischen und ökonomischen Bezugsfeld dient, es sei denn, es ergreift selbst die Macht und damit auch die politischen Möglichkeiten der Machtausübung.

Wandel

Doch es existiert ein grundlegender Wandel, der faktisch längst vollzogen ist: Der Glaube wurde dermaßen säkularisiert und die Politik hat sich so umfassend ökonomisiert und arrangiert, dass die notwendige Innerlichkeit oberflächlicher geworden ist und eine Werteverschiebung hin zur bloßen Rationalität bei gleichzeitiger Entkoppelung von moralischen Standards signifikant geworden ist. Wohin der reine Fortschrittsgedanke – alles zu erreichen und zu erzwingen, was möglich ist – als „Gipfel der Rationalität" in extremen Varianten führen kann, zeigt sich etwa im Nationalsozialismus und im realen Kommunismus. Dieser so genannte „Gipfel" der Rationalität und des Fortschritts hat das Politische auf Dauer derart beschädigt, dass nur für eine kurze Zeitspanne nach dem zweiten Weltkrieg die Politik wieder zu Ansehen gelangte und als eine gewisse Form der Fortsetzung der Aufklärung akzeptiert wurde.

Das werte- und vernunftbezogene Instrumentarium der Gestaltung des Zusammenlebens konnte in dieser Phase glaubhaft gemacht werden. Der Gewichts- und Bedeutungsverlust dieser glücklichen Phase stellt sich teilweise als derzeitige Erlebniswelt dar, in welcher die feste Verankerung von Sicherheit und Wohlstand zunehmend verloren geht.

Nach vielen guten Jahren dieser Epoche schwinden die

II. Widersprüchliches

Kräfte der Vernunft, weil zu allen Zeiten die Menschen aus Angst und Furcht vor Unsicherheit dem Ruf nach Ordnung gefolgt sind. Es wird „Stärke" gewünscht und auch – in demokratischen Systemen – über bestimme Formen der Massenorganisation bewerkstelligt. Bislang wird dieses Begehren nach einer starken Führung primär von der oft autokratisch geführten Wirtschaft bzw den Unternehmen mit ihren hierarchischen Führungstechniken erfüllt; noch sind demokratische Leitprinzipien, wenngleich nicht mehr in der erwünschten Stärke, Gestaltungselemente der Gesellschaft, aber diese sind im Schwinden begriffen. Daher ist es an den politischen und gesellschaftlichen Eliten gelegen, durch Ihr Verhalten und Ihr Bekenntnis die Prinzipien der Demokratie zu stärken und weiterzuentwickeln.

Ökonomische Elite

Die Dominanz ökonomischer Eliten ist seit Jahren unser Begleiter. Die Digitalisierung und Informationstechnologie hat die Möglichkeit dieser Begleitung noch exponentiell verstärkt und angeschoben. Die Demokratie, die uns erlaubt, diese Gedanken zu formulieren und Missstände aus dieser Entwicklung anzuprangern, wird aktuell von Vielen als zu langsam und – in dieser Wortwahl – als „langweilig" oder als „uninteressant" wahrgenommen. Überdies verbünden sich demokratische Eliten – wie festgestellt – vielfach mit ökonomischen Eliten, was dazu führt, dass das Wesen der Demokratie zusätzlich an Glaubwürdigkeit verliert; ja, es kann sogar festgestellt werden, dass manche Akteurinnen bzw Akteure im politischen Alltag versuchen, die Langeweile dadurch zu durchbrechen, indem „im Sumpf der

Gemeinheiten" gesurft wird und/oder sie sich nur mehr selbst darstellen.

Die Menschen versuchen oftmals sich diesen Entwicklungen (nur noch) anzupassen, um Stück für Stück den Verlust an gemeinwohlfördernder Politik zu kompensieren und verunglimpfen in der Folge – obwohl sie naturgemäß mitverantwortlich sind – die Demokratie als ineffizient und korrupt; sie wenden sich vom demokratischen Prozess zunehmend ab, wohl auch weil Selbsterkenntnis und eigene Schwäche nie gerne eingestanden werden.

Austausch der Elite

Der Ruf nach einem Austausch der Eliten, welche die Demokratie anders gestalten wollen, zB durch ein plebiszitäres am Volkswillen ausgerichtetes Verständnis, kommt wieder in Mode. Ob diese Regierungs-Form wirklich Demokratie ersetzen bzw verbessern kann, ist mehr als fraglich, denn der Volkswille hat sich zu oft in einseitige Richtungen manipulieren lassen, wie die Vergangenheit (teilweise dramatisch) bewiesen hat. Durch starke Persönlichkeiten, die den Führungsanspruch klar formulieren und damit „Verheißungen durch Einfachheit" erzeugen, wird der so genannte Volkswille insofern getäuscht, als Problemlösungen rasch und einfach erzielbar erscheinen.

Neue Moderne

Die Angst ist und bleibt ein schlechter Ratgeber, aber sie wird teilweise neue Eliten schaffen und ob diese Eliten dann tatsächlich *elitär* handeln, steht wahrscheinlich zu bezweifeln. Aber es müsste nicht soweit kommen: Eine neue Moderne wäre ein Ausweg. Dazu bedarf es freilich des kritischen Denkens, des Reflektierens des Erlebten und eines neuen Tuns, alles eingebettet in Bildung und Kulturverständnis. Bildung erfordert dauerhaftes Bemühen, also vor allem lesen, (zu-)hören, Geschichte lernen, Mathematik und Philosophie verstehen und am Ende – wie schon bei *Georg Wilhelm Friedrich Hegel* (1770-1831) – das „Umschlagen" des Quantitativen ins Qualitative. Unsere Kultur ist griechisch-römisch, christlich-jüdisch, aufklärerisch, weltoffen und Gemeinsinn spendend geprägt. – Und das sollte sie bleiben. Als Schlüssel für eine gedeihliche Zukunft gilt es vor allem an die (ehrliche) Bereitschaft zur Kooperation und zum Konsens zu denken.

Fortschritt ohne Glauben?

Am Beispiel der Dominanz der Ökonomie kann aufgezeigt werden, wie die politische Vernunft de facto außer Kraft gesetzt wird, weil die politisch Handelnden zu Handlangern des ökonomischen Systems geworden sind. – Was ist aus den Zielen der französischen Revolution geworden? Die Säkularisierung war der erste Schritt, die Gewalt der nächste und das Ganze hat in einem Blutbad geendet. Die Religion, eigentlich muss man sagen, der Glaube, wurde verbannt und aus dem Ruf nach Gleichheit, Freiheit und Brüderlichkeit ist zwar die Säkularisierung und weitergehende Aufklärung entstanden, aber durch das Blutvergießen gleichzeitig auch die Vernunft verdammt worden. Daraus ist zu ersehen, dass es zwar einen Fortschritt ohne Werte geben kann (dies jedoch zu einem hohen

Preis), aber kaum einen Fortschritt des Menschseins ohne Glauben, wie immer er auch ausgeprägt sein mag. Es gilt also anzuerkennen, dass eine moderne, verwickelte und verzweigte Gesellschaft moralische Grundlagen und vernetzte Werte zur Grundlage haben muss. Die missbrauchte Aufklärung oder ihre falsche Deutung nämlich, dass jede bzw jeder alles kann, alles darf, wenn nur rational gehandelt wird, und zwar rational im individuellen Vorteilssinn und damit gleichzeitig dem Fortschritt dienend, hat sich überlebt. Es gilt daher – wie gesagt – die entfremdete Aufklärung durch eine neue Moderne zu ersetzen.

Machbarkeitswahn

Was fängt die bzw der Arbeitslose, schlecht Verdienende, gesellschaftlich „ins Eck Gestellte", ohne Anerkennung Lebende mit den Begriffen „Eigentum", „Besitz", „Reichtum", „Macht", was fängt sie bzw er mit all dem an? Schlicht gesagt: nichts, außer, dass all das Neid, Hass und letztlich Aufruhr hervorruft und zu gewaltsamen Veränderungen führen kann. Eine Änderung grundlegender Art in Richtung Gerechtigkeit, Anstand, Nachhaltigkeit (oder wie immer man diese Begriffe zusammenfasst) würde natürlich auch die bestehenden Eliten eliminieren, die in dem Wahn der Machbarkeit von allem und jedem bis hin zum (manischen) Drucken des Geldes derzeit am Werk gesehen werden kann. Dass es heute primär die ökonomischen und sodann die politischen Eliten treffen würde, ergibt sich aus dem bisher Gesagten.

Religiöse Elite

Bei den religiösen Eliten gibt es eine bemerkenswerte Entwicklung, die vom aktuellen Papst der Katholischen Kirche hervorgerufen wird. Papst *Franziskus* (geboren 1936) hat ganz offensichtlich die Jahrhunderte alte Last der Verweigerung der Aufklärung abgeworfen; jedenfalls gibt es bei ihm diesbezüglich eine neue Deutung, indem er versucht, durch Vernunft nahe zu bringen, dass auf moralische Instanzen nicht verzichtet werden kann, um dem Menschen gerecht zu werden.
Am Beginn der Aufklärung standen geistige Eliten, die eine neue Welt schaffen wollten. Es ist ihnen über weite Strecken gelungen, aber eben nur für eine beschränkte Zeit, wie letztlich alles, was die Menschen unternehmen. Individualität, Liberalität, Rationalität haben die gesellschaftlichen Verhältnisse ungemein zu ihrem Vorteil verändert. Es war so etwas wie die Selbstfindung des Menschen und damit auch die Selbstachtung und die Selbstverwirklichung. Die Verdienste dieser Eliten, die in erster Linie aus der Philosophie, aus der Staatsphilosophie, zum Teil auch aus der Ökonomie – man denke etwa an *Adam Smith* (1723-1790) – stammen, sind Legende. Aber wie alles, was Menschen mit Denken erfahren, tun und kombinieren ist einem Wandel unterworfen. Alle vergangenen Eliten und ihre Vorstellungen wurden und werden revidiert. Das zutiefst antiklerikale Denken ist offenkundig in der Zeit verbraucht. Dass die westliche Kultur eine religiöse Grundlage hat und die reine Säkularisierung gesellschaftliche Probleme der Entleerung mit sich gebracht hat, ist erkennbar; dass man dies gegenwärtig wieder ausspricht und die moralische

Leere, die entstanden ist, wieder aufzufüllen gedenkt, ist offenbar und offenkundig. Insofern ist die elitäre Ausformung, die in der Katholischen Kirche mit ihrem jetzigen Papst evident wird, eine Bewegung, die in nicht unerheblichem Ausmaß kontrafaktisch zum gesellschaftlichen Establishment der Gegenwart und mancher ihrer Eliten steht. Ob das jedem bewusst ist, ist eine andere Frage; aber es scheint so zu sein, dass die Religion bzw die Kirche, die Katholische Kirche, sich vom Herkömmlichen distanziert und abwendet. Eigentlich ist das historisch gesehen eine fundamentale Entwicklung und ein unglaublicher Schritt.

Einfluss der modernen Informationstechnologie

An sich wäre anzunehmen, dass der ungeheuer rasche Veränderungsprozess durch Digitalisierung, Informationstechnologie etc in unserer Gesellschaft auch die Eliten rascher zu einer Veränderung bzw zu einer Auswechslung derselben führen würde. Wenn jedoch die starke Ökonomisierung unserer Gesellschaft betrachtet wird, gilt es zu untersuchen, warum die ökonomischen Eliten und damit auch politische Eliten relativ lange von dieser Auswechslung bzw von dieser Veränderung verschont blieben bzw bleiben.

Dieser Umstand des „Verschontbleibens" widerspricht in Wirklichkeit den historischen Abläufen: Denn früher war klar, dass die Bindungen an Grund und Boden und an ähnliche langfristig wirkende Instrumente, wie etwa das Feudalwesen (nahezu unumstößlich) verankert waren. Demgemäß galt, dass gesellschaftliche Veränderungen – auch mangels Erfindungen und Veränderungen in den Technologien – sehr langsam vor sich gingen; letztlich hat

II. Widersprüchliches

sich Europa erst durch die nautischen Errungenschaften bzw Eroberungen und Erkenntnisse in den Weg der Aufklärung begeben und aus diesem Weg der Aufklärung heraus die Selbstfindung des Menschen anbahnen können. Ab dann ist die Entwicklung – in Relation zu den Zeitepochen davor – immer rascher vor sich gegangen; auch die gesellschaftlichen Veränderungen, also zB das Entstehen des Handwerks, das Entstehen der Industrie, das Herausbilden des Bürgertums, haben zu ihrer Zeit die jeweils vorhergehenden Eliten abgelöst.

Dieser Prozess müsste eigentlich in der Gegenwart bei all den sich unglaublich rasch vollziehenden Veränderungen im gesellschaftlichen und technologischen Bereich an und für sich auch die aktuellen Eliten treffen, und zwar relativ massiv und schnell. Dass es dieses „Auf und Ab", den Auf- und Abstieg der Eliten natürlich gibt, und dass es gerade auch in der Ökonomie Auf- und Abstieg von Unternehmungen und deren Einfluss bzw Führerschaften gibt, ist unbestritten; aber de facto bleibt eine bestimmte ökonomische (Geld-)Elite stabil bestehen, die kaum einem Austausch unterliegt. – Bemerkenswerter Weise gilt dieser Befund über weite Strecken auch in Hinblick auf die durch die beiden Weltkriege – grosso modo – weitgehend davon unbehelligt gebliebenen Eliten, sofern dabei von den seinerzeitigen Entwicklungen im ehemals zaristischen Russland abgesehen wird (siehe dazu *Ian Kershaw* [geboren 1943], Höllensturz[3]. Europa 1914 bis 1949 2016, 572 ff).

45

Kapitalvermehrung ohne Innovation („altes Vermögen")

Die „Bestandskraft" der Geldelite hängt vorwiegend damit zusammen, dass das, was derzeit im Bereich der Geldpolitik stattfindet, naturgemäß die bestehenden Kapitaleignerinnen bzw Kapitaleigner festigt. In reichen, erbenden Gesellschaften, wie der europäischen, ist dies eklatant feststellbar. Denn gleichgültig, ob man als Erbin oder Erbe etwas erfindet, ob einem etwas Neues einfällt, im Zweifel wird das Kapital vermehrt, aber nicht die Idee, nicht die Produktivität und naturgemäß auch nicht die zündende Investition. Das risiko-averse Halten des Kapitals, ob als Beteiligung oder als Veranlagung, bringt die neuen Erträge gerade auch durch die Finanzwelt, die eben auch eine Erfindung dieser (ökonomischen) Eliten ist. Diese neue „Kapitalförderung" (Geldvermehrung), wenn man sie so nennen will, hat zwar einen beachtlichen Zuwachs an Milliardären gebracht, aber eben keinen Zuwachs an Erkenntnissen, keinen wissenschaftlichen Zuwachs, keinen oder kaum einen kulturellen Zuwachs und schon gar nicht eine Vermehrung von Investitionen in Produkte, in intelligente Vorhaben, etwa was die Umwelt betrifft. Vielmehr wird das Kapital bloß angelegt, um sozusagen die Struktur und die Eignerschaft zu erhalten. (Zur Klarstellung: Erfinderinnen bzw Erfinder, Start-ups, risikobereite Newcomer sind davon ausgenommen und haben sich auch immer wieder weltweit durchsetzen können).

Dieses Phänomen bewirkt, dass diejenigen, die schon etwas haben, durch die Erträge, die erwirtschaftet werden, immer mehr an Kapital akkumulieren, daher immer reicher

II. Widersprüchliches

werden und der Rest zurückbleibt. Das „Mitnehmen" der übrigen Gesellschaft ginge nur über den Weg der Investitionen, der neuen Ideen und deren Umsetzung, der Verbesserung unserer Lebensumstände, unserer Umwelt etc. Wenn eine Gesellschaft einmal aufhört, über die Verbesserung der Lebensbedingungen nachzudenken, vor allem im Sinne von vernünftiger Handhabung von Gütern sowie im Sinne einer gerechteren Verteilung, geht sie den Weg einer massiven Fehlentwicklung und steht damit gleichzeitig am Beginn einer grundlegenden Veränderung der Eliten.

III. Gegenbewegungen

A. Hinführendes

Aktives Tun

Die notendige Abgrenzung des Tuns gegenüber dem bloßen Reagieren zeichnet den Menschen als vernunftbegabtes Wesen aus; hingegen erklärt sich das bloße Reagieren im Wesentlichen aus der (menschlichen) Biologie.
Handeln beginnt immer bei uns selbst. – Aber, ob dies eine Formel zu jeglicher Freiheitserweiterung inkludiert, ist sowohl eine grundsätzliche Frage als auch eine brisante Streitfrage. Die Freiheit im Tun der Vernunftbegabten sollte zwar als wichtige Grundlage dienen, da aber auch andere treibende Kräfte des Menschen (zB Emotionen) bekannt sind, ist das Abstellen auf die (bloße) Vernunft im *Kantschen* Sinne für die individuelle Lebensführung wohl nicht ausreichend (sofern *Kant* dies nicht ohnedies auch so gefühlt hat und er seinen eigenen Ansätzen skeptisch gegenüberstand). Bildung als Antwort hat es auch zu *Kants* Zeiten schon gegeben und es steht zu hoffen, dass dies ein probater Lösungsansatz sein kann, dies ungeachtet der furchtbaren Erfahrungen während der ersten Hälfte des 20. Jahr-

hunderts, wo das teilweise vorhandene beachtliche Bildungs- und Kulturniveau, welches durchaus in den damaligen Eliten vorhanden war, nicht als ausreichendes Hemmnis zum Tragen gekommen ist.

Vernunft

Der Trennungsansatz zwischen Vernunft und Biologie ist mehr als anspruchsvoll. Solange die Vernunft unser Tun begleitet, ist die Freiheitserweiterung ein Gewinn und soll gefördert werden; wenn aber andere Faktoren ins Spiel kommen, gilt es notweniger Weise dafür Vorsorge zu treffen, damit nicht ein Abgleiten (ins Irrationale, in die Gewalt etc) passieren kann.

Wenn es immer die bzw der Einzelne ist, die bzw der in der Verantwortung verbleibt und dieser Verantwortung nicht immer gerecht wird bzw gerecht werden kann, bedarf es offensichtlich doch einer Regel, die sich auf die Moral stützt; aber mit Regeln ist das so ein Problem: Denn – um nur ein Beispiel anzuführen – moralische Standards ändern sich und dienen daher nicht immer als Leitlinien für Regeln. Überdies gilt, dass je mehr geregelt wird, die Erfassung all dessen umso schwieriger wird, was die Menschen aktuell leitet und bewegt. Also bleibt in der Hauptsache doch nur die Selbstverantwortung durch das Denken und Handeln auf den Pfaden einer Bereitschaft des kooperativen Entgegenkommens, des Diskurses und damit die Hinwendung zu moralischen Kategorien.

III. Gegenbewegungen

Mitläufertum

Die individuelle Rechtfertigung des Tuns kann in aller Regel nur gegenüber den Menschen stattfinden. Gefahrvoll bleibt dabei aber immer, dass man mit anderen gewohnte Pfade beschreitet und in der Folge nicht mehr für sich selbst entscheidet, sondern in der Masse mit anderen, weil man etwa „dazugehören" will. Die Dimension der (gesellschaftlichen) Schädigungsgefahr eines unbedingten Miteinanders ist evident; wenn zB politische oder ökonomische Eliten das Sagen haben und Fehlsteuerrungen längst im Gange sind, ist im „Mittun und Dazugehören" bereits der Verlust der moralischen Verantwortung zu erblicken. Das Wohlfühlen und „Mittun" sagt also nichts über die „Tunsqualität" aus; das eigene Denken und Handeln kann niemandem erspart werden! Ideengleichschaltung wirkt immer desaströs, deshalb ist die Demokratie als das Ringen um bessere Ideen und Handlungen legitimiert und als vernünftigste Staatsform anzusprechen, auch wenn sie gelegentlich mühsamer ist und weniger „Unterhaltungswert" haben mag.

Aufklärung – Neu

All das Beschriebene hat mit der Aufklärung unmittelbar zu tun. – Auch mit ihren Fehlentwicklungen; denn aus heutiger Sicht kann es nicht mehr um den Ausbruch aus der „selbstverschuldeten Unmündigkeit" gehen, sondern vielmehr darum, das Denken zu moralischen Handlungen zu führen. Das Denken kann sich aber auch in Irrwege begeben oder sich grundsätzlich von der Moral lösen. Es gibt den unvernünftigen, ja den negativ besetzten Teil des Denkens, mit dem man sich auseinanderzusetzen hat. Die Schlussfolgerung, dass es auch diesen negativen Teil des Denkens gibt, darf aber nicht bedeuten, dass auf moralisches Handeln einfach deshalb verzichtet werden kann, weil niemand mehr genau weiß oder wissen will, was Moral eigentlich ist. – Wenn etwas nicht immer verlässlich funktioniert, kann man es im Umkehrschluss nicht als unbrauchbar verwerfen. Das entscheidende ist und bleibt daher, dass jede und jeder verpflichtet ist, an eine bessere Gesellschaft zu glauben und sich dafür aktiv einzubringen. Die Aufklärung ist unverzichtbar, aber – wie alles in der Zeit – beschränkt sie sich nicht auf das vorher Ausgeführte, sondern muss in eine vernünftige Moderne führen. Oder anders ausgedrückt: Es gilt als notorische Aufgabe, die Unvernunft zu besiegen, und zwar auch die ihr selbst innewohnende.

Die gegenwärtige Beliebigkeit, einschließlich des Spielerischen, führt uns wieder näher zu den Grundfragen der Moral und es lässt sich erkennen, dass diese als unverzichtbar gelten muss. Die Reflexion des Zustandes ist somit vielfach ein „Denken und Handeln gegen den Zeitgeist". Haltung (nicht bloße Pflichterfüllung) ist Verlässlichkeit unter moralischen Bedingungen! Es gilt der Ansatz von *Karl R. Popper* (1902-1994): Es gibt keine Toleranz gegenüber der Intoleranz.

Zumutbarkeiten

Ein weiterer Punkt betrifft die „Zumutbarkeiten": Dabei handelt es sich um ein thematisch unglaublich weites Feld, das prioritär vom Innenleben bestimmt, nach außen wirkt;

im Kern geht es um die Frage, was ist zumutbar an Erkenntnissen, an Wissen – was ist zumutbar im Umgang mit sich selbst und mit anderen, aber vor allem mit Zielsetzungen für sich selbst und die Auswirkungen auf Dritte?

Grenzüberschreitungen

Wenn jemand ein Ziel verfolgt ohne Rücksicht auf Verluste, ist von vornherein davon auszugehen, dass dieses Verhalten, mag es ursprünglich elitär sein, zumindest in einer Verwüstung der Umgebung enden kann; in dem Augenblick, wo Grenzüberschreitungen stattfinden, ist das für Mensch und Gesellschaft zentrale Prinzip der Zumutbarkeit überschritten. Es mag auch sein, dass man auch sich selbst derartige Überschreitungen anlastet bzw Ziele anstrebt, die unrealistisch sind; dies führt regelmäßig zu (oftmals ergebnisloser) Rastlosigkeit, welche der erforderlichen Gelassenheit und auch dem rationalen, von Vernunft geleiteten Handeln, entgegensteht. Daher sind die „Spielarten der Zumutbarkeit" sowohl für das Individuum selbst aber vor allem für andere ein zentrales Thema in einem Raster des moralischen bzw des elitären Verhaltens.

B. Orientierung

Elemente der Moral

Moral ist wandelbar und abhängig vom Umfeld; dieses wird vor allem von folgenden Aspekten gebildet:
– Massenphänomene;

- soziale Situation;
- Selbstbild bzw Selbstdarstellung;
- Vernunft.

Masse

Es gilt zunächst festzuhalten, dass sich regelmäßig in der Masse die (individuelle) Handlungsverantwortung verliert. Dies ist zB extrem feststellbar in Kriegssituationen. Freilich gilt derartiges auch im alltäglichen privaten und auch beruflichen Alltag: Das „Nichtdenken-Müssen" bei der Beschreitung eines vorgegebenen (privaten oder beruflichen) Pfades ist wohl in aller Regel bequemer als das kritische Reflektieren betreffend alternativer, unter Umständen besserer Wege.

Soziale Situation

Der Umstand, dass soziale Faktoren auf die individuelle Persönlichkeit und deren Entwicklung von erheblichem Einfluss ist, steht mittlerweile außer Streit. So ist etwa durch zahlreiche Studien belegt, dass das soziale Umfeld der Eltern den Bildungs- und damit auch Lebensweg der Kinder massiv prägt.

Besonders deutlich wird der Einfluss der sozialen Situation auf die Moral – um ein nach wie vor aktuelles Thema anzusprechen – bei der in vielen Teilen der Welt feststellbaren Unterdrückung von Frauen; dieses Phänomen stellt sich regelmäßig als sozial verankerte Situation dar, die tradiert wird, ohne dass sich die Akteure darüber maßgebliche Gedanken machen.

III. Gegenbewegungen

Selbstbild

Von erheblicher Bedeutung ist auch die Dimension des Bildes, welches sich die bzw der einzelne von sich macht oder machen will: Man will selbst gut dastehen. Dieses „Gut-Dastehen" gilt für außen und innen: Man will mit sich selbst im Reinen sein und sich gleichzeitig nach außen positiv darstellen.

Vernunft

Mit dem Parameter „Vernunft" ist primär die *Kantsche* Vernunftmoral angesprochen. Dabei darf freilich nicht übersehen werden, dass sich diese als sehr hoher Anspruch darstellt, der überdies den Fehler inhärent in sich trägt, dass auch ein subjektives Moralverhalten existiert. Das heißt also: Moralisches Verhalten ist – vereinfacht gesprochen – auch eine Folge von Zwang und Angst; Regelverletzungen werden bestraft. Ob dies für ein moralisches Verhalten ausreichend ist oder nicht, gilt es grundsätzlich in Frage zu stellen, denn es fehlt unter diesen Voraussetzungen (Angst, Bestrafung und sonstige Maßnahmen der Gewalt) die grundsätzliche Empathie, also das ehrliche Gefühl, zB für jemand anderen einzustehen, ohne dass ein Zwang dahintersteht. Die beim Zwang wirksamen Mechanismen sind wohl weitgehend evident; vor allem bei anderen Außenwirkungen auf das Innere des Menschen steht die Moral wohl viel umfassender auf dem Prüfstand, denn – wie schon ausgeführt – der *Kantsche* Ansatz kann nicht abgrenzen, ab wann Tugendhaftigkeit zum Tragen kommt.

Insichgehen

Vielmehr geht es in Wirklichkeit um das tatsächliche Interesse am anderen, um die Begegnung mit anderen und den Austausch mit anderen – und zwar ohne Zwang oder Druck – was zu moralischem Verhalten führt; selbst-tolerierende Unterlassungen für sich alleine reichen dazu nicht aus. Auch dabei ist es äußerst schwierig, klare Grenzziehungen vorzunehmen; so ist es etwa denkbar, dass aus einer Motivlage der eigenen Gefallsucht her zB „Gutes" getan wird oder werden will. – Reicht das aber aus, um moralisch zu handeln? Also zum Beispiel mit medialer Präsenz bei Wohltätigkeitsevents aufzuscheinen wird wohl eher nicht ausreichen, um moralisch qualifiziert oder als moralisch handelnd qualifiziert zu werden. – Aber kann man das ausschließen? Das „Insichgehen" erweitert durch das Anliegen Zurückhaltung zu üben, kann einer moralischen Kategorie zugerechnet werden.

Werteeinbettung

Bei aller Wandelbarkeit ist letztlich die gesamte Menschheit ohne moralische Werteeinbettung nicht überlebensfähig. Wenn damit aufgehört wird, über die Verbesserung der Lebensverhältnisse nachzudenken oder unser kreatives Potential nicht mehr in den Dienst eben dieser Verbesserung zu stellen, ist es – wie bereits ausgeführt – um uns und unsere Gesellschaft geschehen. Im Politischen ermahnt uns *Max Weber* (1864-1920) Verantwortungs- und Gesinnungsethik nicht gegeneinander auszuspielen (Politik als Beruf 1919).

III. Gegenbewegungen

Gestaltungsverpflichtung

Dann schließlich besteht für jede bzw jeden die Verpflichtung zum kritisch-vernünftigen Denken und Handeln. Unter dieser Prämisse wird rasch deutlich, dass bloße Konsummöglichkeiten keinen realen Freiheitsgewinn bedeuten und ebenfalls kein Ersatz für demokratische-politische Entscheidungen sein kann, denn schließlich sind unsere Beziehungsfelder nicht nur rational-ökonomisch und insgesamt auf Mehrung von Geld und Macht beschränkt. Des Gleichen muss sodann rasch evident werden, dass auch „Globalisierung" nicht etwas ist, was selbstverständlich passiert oder wie von selbst abläuft, sondern auch dieses Thema zu einem wird, das gestaltbar ist.

Mittelpunkt Mensch

Derzeit ist in erster Linie der Austausch von Waren bekannt, wobei – in den letzten Jahrzehnten – immer stärker auch der Mensch zur Ware gemacht wird (so spricht etwa das Wort vom „Arbeitsmarkt" eine deutliche Sprache); in Wahrheit geht es freilich in der Hauptsache darum, wieder den Menschen in die vielfältigen Beziehungen in allen menschlichen Varianten in den Mittelpunkt des Denkens, Handelns und Tuns zu stellen. Es gilt klar und deutlich auszusprechen, dass das Verdinglichen aller Beziehungen zu jenen Irrtumsideologien führt, die im falsch interpretierten Neoliberalismus alles und jede bzw jeden zur Ware machen (wollen).

Nicht-materieller Gegenentwurf

Die Reflexion des Zustandes ist daher sowohl ein Denken und Handeln bzw das Tun gegen den Zeitgeist. Bei all dem gilt es zu berücksichtigen, dass als zentrale menschliche Bezugsfelder ganz besonders Würde, Ehre und Anstand – also „nicht-materielle Werte" – eine besondere Rolle spielen. Letztlich handelt es sich bei diesem Gedanken um einen Gegenentwurf, zur Dimension soziale Beziehungen zB durch Geld zu schaffen oder durch Macht zu erzwingen.

C. Freiheitsgewährung

Regelfreiheit?

Der zweite – neben den dargelegten Aspekten der Moralorientierung – zentrale Hauptpunkt, der für elitäres Verhalten von grundlegender Bedeutung ist, besteht in der Freiheitsgewährung bzw im freiheitsgewährenden Handeln. Ist unter Freiheit „Regelfreiheit" angesprochen? – Das ist die prinzipielle Grundfrage, die sich stellt. In der heutigen Zeit der Freiheitserweiterung und der Sucht danach wird die (bloße) „Regelfreiheit" vielfach als das Maß aller Dinge angesehen. Wenn allerdings beobachtbar ist, dass Regeln zum geordneten Zusammenleben schlichtweg gebraucht werden, und zwar selbst bei einfachen Bezugsfeldern (wie zB bei Spielen), dann ist erkennbar, dass ohne ein maßvolles Regelsystem (zB ohne definierte Spielregeln) sofort Streit ausbrechen würde. Freilich ist auch die Feststellung von (Spiel-)Regeln bereits eine Beschränkung der Freiheit im Sinne von „Regelfreiheit". Demgemäß existiert im

III. Gegenbewegungen

menschlichen Zusammenleben keine Freiheit ohne ein Minimum an Regeln, denen eine Selbstbeschränkung innewohnt. Dabei ist klar bzw muss klar sein, dass selbst, wenn es diese Regeln gibt, auch Regelverstöße denkbar sind. Von Bedeutung ist dabei, dass sowohl die Regeln im Rahmen demokratischer Prozesse generiert als auch die Sanktionen bei allfälligen Regelverstößen nur im Rahmen rechtsstaatlicher Mechanismen verhängt werden dürfen.

Machtmissbrauch

Wenn diese Regelverstöße folgenlos in Kauf genommen werden oder es sogar zu einem Missbrauch bei der Durchsetzung der Regeln kommt, liegt Machtmissbrauch vor. Wie derartiges verhindert oder zumindest minimiert werden kann, ist wiederum mit der Frage nach der Anwendung von Macht bzw von Angst erzeugenden Maßnahmen (zB Strafen) verbunden. Natürlich wäre das Ideal, dass die Nichtverletzung der Regeln in sich selbst gefunden werden und nicht durch Gewaltanwendung von außen. Denn die Gewaltanwendung von außen widerspricht dem individuellen Freiheitswillen, ist aber offensichtlich in manchen Fällen notwendig, weil die Selbsterkenntnis nicht ausreicht. Idealerweise wäre die Selbsterkenntnis unter Anwendung von Vernunft und Kritik gegenüber sich selbst das richtige Mittel, um die Berücksichtigung von sinnvollen Regeln nicht durch externe Maßnahmen wie Strafe oder Gewalt durchzusetzen: Es ist die „innere Machtkontrolle", die in Wirklichkeit den Lösungsansatz bildet.

D. Bildung und Wissen

Wissen = Macht

Ein weiterer im gegebenen Zusammenhang wichtiger Punkt handelt von Bildung und Wissen. „Wissen ist Macht" – diese Formel ist uralt und noch immer gültig. Es war ein mühsamer Weg, bis Wissen und Bildung als gewaltige Machtfaktoren zum Tragen gekommen sind, weil einerseits die Abwehrkräfte gegenüber diesen Faktoren über die Jahrhunderte zu stark waren und andererseits auch in der Gesellschaft selbst zu wenig an Dynamik und Bewegung stattgefunden hat.

Macht der Ideen

Ganz generell existiert die angewandte (zB staatliche) Gewalt im Gegensatz zur Idee, die unserem Verstand entspringt. Vor diesem Hintergrund besteht bereits seit nahezu der gesamten Menschheitsgeschichte die zentrale Streitfrage: Ist die Fortentwicklung innerhalb einer Gesellschaft auf Machtausübung (von Religion, Kirche, Militär, Politik, Staat etc) oder auf verstandesbasierte Ideen zurückzuführen?

In Wahrheit sind alle unsere Veränderungen in den Lebensbedingungen der Macht der Ideen und daraus folgend dem Tun zuzuschreiben. Selbst die Revolutionen sind ein solches Produkt – bei aller Problematik dessen, was damit regelmäßig an Leid und Elend einhergegangen ist: Das bisher Verteidigte kommt auf Grund von Ideen zu Fall und regelmäßig obsiegt die Raschheit der Veränderung gegenüber dem Widerstand des einzelnen, der die Vor- und Nachteile abwiegt. Wobei die Beziehungsnähe (zB indivi-

III. Gegenbewegungen

duelle Betroffenheit) beim Abwägen von Vor- und Nachteilen eine entscheidende Rolle spielt.

Nahebezug

Bemerkenswert ist dabei, dass Wissen und Bildung vor allem von der Nähe geprägt sind, denn: Was in der Ferne geschieht, greift uns einfach nicht so an. Insofern kann es gar nicht genug an Wissen und vor allem an Bildung geben, um dem „Phänomen der Distanzierung" zumindest dem Grunde nach Einhalt zu gebieten. Dass das in der Praxis bzw Realität nicht immer funktioniert, wird jede bzw jeder feststellen, die bzw der zB vor die Situation gestellt wird, entweder das eigene Kind zu retten oder ein anderes. In aller Regel wird man sich für die Rettung des eigenen Kindes entscheiden. Dieses gängige Beispiel sei deshalb angeführt, um zu zeigen, dass selbst ein auf Basis von Wissen und Bildung geprägtes Handeln Grenzen unterworfen ist. Es liegt auf der Hand, dass derartige Grenzziehungen naturgemäß äußerst schwierig sind, dies umso mehr, da sie – wie dargetan – von „Nahe- oder Entfernungsverhältnissen" mitbestimmt werden; insoweit bleibt daher ein Minenfeld für jedwede gesellschaftliche Entwicklung bestehen.

Toleranz

Zum Elitedasein gesellt sich auch die Erkenntnis, dass keineswegs alles Menschliche vernunftgesteuert ist bzw sein kann. Dieser Umstand macht es schlichtweg erforderlich, dass Toleranz gegenüber (vorerst) unverständlichen Zugängen oder Ideen von nicht etablierten „Außenseiterinnen" bzw „Außenseitern" geübt werden muss. In der Kunst – um ein Beispiel zu bringen – ist dies längst als Standard in die Beurteilung miteingeflossen. Wenngleich gerade in diesem Feld die Toleranz gegenüber „Andersdenkenden" zwar nicht immer die Qualität gesteigert haben mag, gilt es dessen ungeachtet diese Formen der Neu- und Andersartigkeit in einer Gesamtsicht zu akzeptieren und auch zu tolerieren. Nicht verhehlt sei, dass „Anderssein" für die bzw den Einzelnen sowohl im sozialen als auch ökonomischen Bereich teilweise schwere Bürden mit sich bringt und oftmals nicht einmal auf lange Sicht auf mehr als (kollektive) Ablehnung stößt; viele (aktuelle und historische) Belege dafür finden sich nicht zuletzt im „Wissenschaftsbetrieb", wo das Außenseiterdasein (zB von Vertreterinnen bzw Vertretern neuer Theorien oder Methoden) beschwerlich ist und kaum auf Anerkennung stößt.

Hofnarren als Weise

Ein kurzer Blick ins (nicht eben als tolerant bekannte) Mittelalter macht deutlich, dass selbst in „finsteren Zeiten" das „Anderssein" seinen berechtigten und wichtigen Platz in der damaligen Gesellschaft hatte: Vor allem in der Funktion des „Hofnarren" konnte – unter dem Deckmantel der „Narrenkappe" oder des „Spaßmachers" – die Übermittlung von (anderen, unbequemen) Wahrheiten im Einzelfall sogar erwünscht und erlaubt sein. Ein Gelehrter wäre dafür bestraft worden oder seine Aussagen wären zumindest als schwerer Affront gewertet worden. Bis heute definiert daher das Wörterbuch diese korrektive Person nicht nur als törichten Narren, sondern auch als Spötter und Spaßmacher, der mit versteckten Weisheiten und Wahrheiten für andere Sichtweisen sorgt.

III. Gegenbewegungen

Fehlerkorrektiv

Wichtiger als dieser historische Hinweis ist aber die Erkenntnis, dass auch die bzw der außerhalb des Mainstreams agierende Gelehrte vielfach auf Fehlentwicklungen hinzuweisen vermag, die noch nicht von realer Erfahrung erfasst sind. Damit kann dieses Korrektiv, regelmäßig zwar zeitlich versetzt aber doch, erfasst werden und einer Gesellschaft auch nützlich sein. Dies insbesondere deswegen, weil gerade in unserer Zeit die Außenseiterin bzw der Außenseiter gelegentlich sogar besondere Aufmerksamkeit erfahren kann.

Mut

Da Individuen nicht nur vernunftgetrieben sind, gilt es Grundfragen unseres Zusammenlebens, wie zB gefühlsbezogene Elemente, stärker in den Vordergrund zu stellen. Zum Menschsein reicht die Vernunft alleine nicht aus; Gefühlselemente unseres Daseins sind im wahrsten Sinne des Wortes „elementar" und haben im sozialen Gefüge unsere Aufmerksamkeit wachzuhalten. *Michel Foucault* meint überhaupt, dass jede Vernunft auch ihren Wahnsinn in sich trägt, weil sie unbeirrt an einer Wahrheit festhält. *Baltasar Gracian* (1601-1658) sieht keinen Fehler, der nicht einen Liebhaber fände. Aus dem ergibt sich, dass man nie den Mut verlieren sollte, selbst dann, wenn man im Fall des Abweichens von konventionellen Zugängen als Außenseiterin bzw Außenseiter behandelt wird.

Wider den Determinismus

Eine elitäre Auseinandersetzung mit diesen „elementaren Kernen" kann daher ganz wesentlich ausschlaggebend dafür sein, eine „andere Zukunft" zu gewährleisten; das bloße Verharren am Althergebrachten bzw das dumpfe Mitmarschieren am Trampelpfad der Gemeinplätze vermag dies hingegen nicht. Es geht dabei auch um die Vermeidung eines strengen Determinismus und die Förderung anderer Gedankenwelten sowie damit letztlich um alternatives Denken und Handeln. – Wir Menschen sind zum Glück in der Lage, unsere Zukunft in die eigenen Hände zu nehmen!

E. Wahrhaftigkeit

Wahrheitsnotwendigkeit

Der vierte im gegebenen Zusammenhang wichtige Hauptpunkt betrifft unsere Verpflichtung, die Wahrheit zu sagen. Wer sich selbst etwas vormacht, wird auch anderen nicht die Wahrheit sagen (können) oder glaubt, sich selbst etwas nicht zumuten zu können und mutet es daher auch anderen nicht zu.

Grenze

Auch hierbei besteht eine Grenzziehung, die äußerst schwierig ist, weil man bestimmte Tabus nicht brechen will, selbst im engsten Kreis kann das passieren; man denke etwa daran, dass jemand an einer schweren Erkrankung leidet, von der zwar alle wissen, aber aus Gründen der

III. Gegenbewegungen

Schonung wird gemutmaßt, die Wahrheit nicht sagen zu können. Das heißt: Im gegebenen Zusammenhang stellt sich die Frage nach der konkreten Zumutbarkeit der Wahrheit nicht nur sich selbst gegenüber, sondern auch der bzw dem Dritten gegenüber. Auch hierbei liegt es auf der Hand, dass jedwede Grenzziehung ein schwieriges Unterfangen darstellt.

Differenzierungsgebot

Etwas Anderes gilt freilich dann, wenn faktische Tatsachen vorliegen, auf Grund derer vom Bestehen einer Verpflichtung zur Wahrheit auszugehen ist. Aber auch dabei bleibt die Schwierigkeit der Abgrenzung bzw Zuordnung, der Frage nach dem Bestand von Tatsachen bestehen, denn es existiert regelmäßig eine Vielzahl an Auslegungsmöglichkeiten betreffend die Frage, was sich als zB wissenschaftliche Erkenntnis darstellt und was als bloße Spekulation oder Theorie zu bewerten ist, so dass auch die Klärung dieser Frage letztendlich einen Abwägungsprozess erforderlich macht.

Mut

Dessen ungeachtet gilt die Maxime, dass dort, wo sozusagen feststeht, „was Sache ist" und dies eigentlich unbestritten ist, dass man dazu auch stehen und den Mut haben muss, sich selbst damit auseinanderzusetzen und dann auch, je nach Funktion und Aufgabe, es in der Öffentlichkeit oder gegenüber den ihr bzw ihm anvertrauten Personen kundzutun und die Wahrheit zu sagen. – Der Mensch verträgt wahrscheinlich Wahrheit besser als Halbwahrheiten oder überhaupt die Lüge, die ohnedies relativ rasch erkannt wird und die Halbwahrheit ist ebenfalls nur von kurzer Dauer aufrecht zu erhalten; dh in welcher Funktion auch immer: Es gehört zu elitärem Verhalten auch der Mut zur Wahrheit zu sich selbst und Dritten gegenüber.

IV. Gedanken und Anleitungen

Vorbemerkung

Die nachstehenden Ausführungen verstehen sich als Ergebnis der maßgeblichen Einschätzungen und Auffassungen der Autoren, die sie einerseits aus der Beschäftigung mit der gegenständlichen Materie und andererseits aus ihren eigenen Lebensauffassungen gewonnen haben; sie können dabei keinesfalls den Anspruch auf Vollständigkeit oder gar einen Geltungsanspruch erheben. Vielmehr verstehen sich diese Hinweise als Anregung zum (selbstangeleiteten) Nachdenken über die eigene Lebensführung, um diese gegebenenfalls – vor dem Hintergrund der jeweils eigenen Erfahrungen und Lebenszugänge – in Richtung eines konkreten „elitären Handelns" zu gestalten. Überdies wollen sich die folgenden Ausführungen als ein „Idealbild" verstanden wissen, dem es nachzueifern gilt, welches aber – und dies sei nicht verschwiegen – nicht immer und nicht in allen Fällen erreicht werden kann.

Ehrenhaftigkeit

Wohl auf Grund einer nicht zu unterschätzenden Belastung des Ehrbegriffs aus Zeiten, in denen dieser vor allem mit „Standesdünkel" synonym gesetzt wurde oder später einseitig mit autoritär-nationalen Inhalten aufgeladen wurde, wird die Dimension der Ehrenhaftigkeit im aktuellen Zeitgeschehen, wenn überhaupt, so nur am Rande thematisiert.

Im aktuellen wissenschaftlichen (soziologischen) Kontext lässt sich Ehre in zweierlei Dimensionen erfassen: Zum einen wird dabei auf das Ehrgefühl in dem Sinne abgestellt, dass damit das eigene *Handeln* durch den Rückgriff auf die eigenen Werte (bzw Unwerte) geleitet wird. Zum anderen wird auf das Verantwortungsgefühl in dem Sinne reflektiert, dass das eigene *Verhalten* durch die von der bzw dem Handelnden evozierten Werte (bzw Unwerte) getragen wird (*Hans Reiner* [1896-1991], Gesinnungsethik, in: *Joachim Ritter/Karlfried Gründer* [Hg], Historisches Wörterbuch der Philosophie. Bd 3 1974, 539 f).

Letztlich geht es bei der Ehre darum, dass man sich die Achtung durch sein konkretes Verhalten zu verdienen hat und, wenn dies gelungen ist, auch die Möglichkeit zum Vorgehen gegen unsachliche „Ehrabschneiderei" haben soll; so ist etwa im aktuell gültigen Allgemeinen bürgerlichen Gesetzbuch aus dem Jahre 1811 in § 1330 ein Rechtsschutz der Ehre verankert, dem bis in die Gegenwart – als Bestandteil eines umfassenderen zu denkenden Persönlichkeitsschutzrecht des Individuums – erhebliche Bedeutung zukommt.

Umgekehrt gilt, dass jemand, der ein un(ehr)würdiges Verhalten an den Tag legt, sich der Schande preisgeben kann und dieses Verhalten auch im Wege von öffentlichen Äußerungen durch Dritte kritisiert werden darf.

Klar ist, dass die konkreten Inhalte der Ehre einem stetigen Wandel der Zeit unterlegen waren und wohl auch gegenwertig noch sind. Unserer Meinung nach zeichnet sich ehrenhaftes Verhalten – im Kontext aller Kulturen und Zeiten – vor allem dadurch aus, dass

– eine Kultur der wertschätzenden Auseinandersetzung mit Andersdenkenden gepflogen wird,

– man weiters Abmachungen und Vereinbarungen einhält, selbst wenn diese lediglich durch „Handschlag" bekräftigt worden sein sollten und

– man in seinem Verhalten und seinen Handlungen ein Ausmaß an Stetigkeit an den Tag legt, auf das sich in der Folge auch andere verlassen können. –

Aussagen wie zB „Was interessiert mich, was ich gestern getan oder gesagt habe?", die aus einem Kalkül der Eigennutzen-Optimierung nicht nur getätigt, sondern auch gelebt werden, stehen unserer Auffassung nach im diametralen Gegensatz zu einem ehrenhaften Lebensstil und sind demgemäß zurückzuweisen.

Rechtschaffenheit

Ein bereits in der Zeit der Hochblüte des Römischen Rechts umfassend anerkanntes Ideal war jenes der Rechtschaffenheit; dieses zielte seinerzeit darauf ab, sich in allen Fällen korrekt und anständig zu verhalten und nicht bloß auf seinen eigenen Vorteil bedacht zu sein, sondern vielmehr – unter Wahrung des Wohles der Gesamtheit – die einem selbst zustehenden Ansprüche zu bemessen und dann auch durchaus selbstbewusst und unerschrocken einzufordern. Gleichzeitig verbindet sich mit der Dimension der Rechtschaffenheit – gewissermaßen spiegelbildlich – auch der Aspekt, dass Unrecht vermieden werden soll; dies gilt nicht nur beim allgemeinen täglichen Handeln, das generell nicht nur korrekt und richtig sein soll, sondern darüber hinaus auch dem Anspruch genügen soll, nicht anderen etwas Unfaires oder gar Unrecht anzutun. Damit verbindet sich auch das Erfordernis, die eigenen Handlungen, Forderungen, Anliegen oder Wünsche nicht nur aus der eigenen Sichtweise zu bewerten, sondern überdies auch die Auswirkungen auf andere in Hinblick auf Zumutbarkeit bzw Vertretbarkeit zu bedenken.

Übersetzt auf unsere Zeit würde das etwa Folgendes bedeuten:

– nicht bloß um des „Rechthaben-Wollens oder -Müssens" Zeit und Energie von sich selbst und/oder anderen zu verschwenden;

– bei der Selbstverwirklichung Gemeinwohlinteressen nicht aus dem Auge zu verlieren;

– nicht nur eigene Rechte einzufordern, sondern auch die Rechte der anderen mit Respekt anzuerkennen und

– die eigenen Handlungen so zu bemessen, dass dadurch kein Unrecht gesetzt wird.

Gelassenheit

Wer es vermag, die eigenen Grenzen nicht nur zu erkennen, sondern auch gelassen zu akzeptieren, wird in aller Regel auch in der Lage sein, den natürlichen „Wellentälern des Lebens" für sich und seine Mitmenschen mit Großmut und Souveränität zu begegnen. Wer das hingegen nicht kann, die oder der kann sehr schnell zur Gefahr für sich oder andere werden; dies vor allem dann, wenn in Reaktion auf das unabwendbare Schicksal zu einer „Politik der verbrannten Erde" gegriffen wird und etwa nach dem Motto „wenn es mir schlecht geht, sollen auch alle anderen nichts zu lachen haben" handelt.

In diesen Fällen der mangelnden Gelassenheit ist es umso wichtiger, dass das (davon betroffene) Umfeld richtig und mutig handelt, um wieder auf einen Weg einer ausgewogenen Handlungsweise zurück zu finden; das gilt sowohl im generellen bzw kollektiven Lebensbereich (zB für Staatslenkerinnen bzw Staatslenker) als auch im individuellen Leben.

Ein weiteres zentrales Element besteht darin, Handlungen, Gegebenheiten, Entwicklungen, Ansichten etc, denen man fremd oder gar ablehnend gegenüberstehen mag, aus einer gelassenen Grundhaltung heraus zuzulassen. So müssen etwa Kinder ihre eigenen Wege finden, auch wenn diese den Wünschen oder Vorstellungen ihrer Eltern diametral entgegengesetzt sein mögen; auch Auffassungen und Einsichten von (beruflichen, politischen etc) Kontrahenten gilt es zu respektieren. – Das heißt freilich nicht, dass man gleichzeitig seine eigenen wohlbegründeten Haltungen aufgeben soll; gemeint ist vielmehr, dass die Standpunkte von anderen korrekt und gelassen erwogen und – sofern geboten – mit respektvoller Distanz behandelt werden sollen.

Im Wesentlichen geht es also darum,

- dem eigenen Schicksal mit einer gewissen großmütigen Gelassenheit gegenüber zu stehen,
- ohne dabei freilich in apathische Gleichgültigkeit zu verfallen,
- sondern vielmehr mit Mut und Entschlossenheit Handlungsfreiräume zu erkennen und diese Freiräume auch sinnvoll auszuschöpfen und
- letztlich auch dem eigenen „Contre coeure" eine entsprechende Berechtigung einzuräumen, indem etwa mit großzügiger Gelassenheit auch Dinge zugelassen und gewährt werden, denen man selbst kritisch gegenübersteht.

(Selbst-)Kritikfähigkeit

Weder das Individuum noch die Gesellschaft kann sich vorteilhaft entwickeln, wenn es der bzw dem Einzelnen an der Fähigkeit zur kritischen Reflexion und zum Selbsterkennen fehlt; so bestehen etwa zwei zentrale Elemente zur Erfassung von echter Wissenschaftlichkeit nicht von ungefähr darin, dass sich diese durch Kritikoffenheit und – als Voraussetzung dafür – durch umfassende Publizität auszuzeichnen hat.

Freilich passiert es nur allzu oft, dass wir im dichten und fordernden Gedränge des Alltags nicht mehr die Möglichkeit finden, unsere eigenen Handlungen selbstkritisch zu hinterfragen und dadurch uns selbst oder auch oft andere in Bedrängnis bringen, indem wir vielleicht sogar ungerecht werden. Vor allem deshalb ist es wichtig, immer wieder inne zu halten, nachzudenken, den Diskurs zu suchen, uns mit offenen und kritischen Menschen zu umgeben, um wieder im besten Sinne des Wortes zu sich selbst (zurück-) finden zu können; so schmerzhaft das im Einzelfall auch sein mag.

Gewissermaßen spiegelbildlich dazu ist es notwendig, dass Eltern, Freundinnen bzw Freunde, Kolleginnen bzw Kollegen etc in ehrlicher, offener, wertschätzender und keinesfalls in verletzender Art und Weise den Jüngeren, den weniger Erfahrenen, den Kindern, den Freundinnen bzw Freunden, den Kolleginnen bzw Kollegen etc dabei helfen, die Selbstkritikfähigkeit in einem klugen, gesunden und ausgewogenen Ausmaß zu erwerben. – Auch das ist naturgemäß eine herausfordernde Aufgabe!

Wichtig ist dabei,

– weder übertrieben selbstkritisch oder anderen gegenüber übermäßig kritisch zu sein,

– sofern vielmehr mit großer Ausgewogenheit eigene Zugänge und Handlungen – durchaus in Rücksprache mit ehrlichen und wohlmeinenden Dritten – zu überprüfen

– und daraus für die eigenen zukünftigen Handlungen Verbesserungspotentiale abzuleiten.

Dabei gilt es, immer daran zu denken, dass letztlich nichts in der Welt und schon gar am Menschen irgendwann fertig oder abgeschlossen sein kann; es gilt das weise Wort aus dem alttestamentarischen „Buch der Richter", dem zu

Folge es uns (Menschen) aufgetragen ist, am Werk zu arbeiten, nicht es aber zu vollenden.

Offenheit

Ein offener Blick für die Ereignisse und Verhältnisse sowohl in der unmittelbaren Umwelt als auch im Weltganzen bildet die Basis für eine gute individuelle Weiterentwicklung, sofern dieser „Weitblick" mit dem erforderlichen Ausmaß an „Weltoffenheit" gepflegt wird. Ein Schlüssel dafür besteht – neben der Kultivierung einer entsprechenden Empathie für Neues, Anderes, Fremdes etc – in der Fähigkeit, Sprach- und sonstige (zB kulturelle) Barrieren zu überbrücken bzw zu durchbrechen. Dabei geht es keinesfalls darum, alles, was neu oder anders oder fremd ist, kritiklos in das eigene kulturelle Umfeld zu transformieren; wichtig ist vielmehr, den kritischen Vergleich mit „dem Anderen" zu wagen und dabei so gut als möglich jene Aspekte anzunehmen, die eine Verbesserung für sich und andere erlauben. Ebenso wie beim oben dargestellten Zugang der „Gelassenheit" darf auch die hier vertretene Dimension keinesfalls in dem Sinne missverstanden werden, dass eigene Werte, Ziele, Einstellungen, Haltungen etc aufgegeben werden sollen oder gar müssen!

Viele haben bestimmt schon die Erfahrung gemacht, dass bereits eine kleine Änderung von althergebrachten Gewohnheiten eine Fokussierung des Blickes auf andere, neue Aspekte, Handlungen, Gegebenheiten, Menschen etc ermöglicht und dabei gleichzeitig oftmals Verbesserungen einhergehen. – Diese Selbsterfahrung nicht bloß den Zufällen des Alltags zu überlassen, sondern ganz gezielt in offener, unbefangener und unvoreingenommener Art und Weise zu suchen, macht im Kern das Wesen eines weltoffenen Lebens sowohl im Großen als auch im Kleinen aus.

Es geht also vor allem darum,
- unvoreingenommen den Änderungen im eigenen Leben ebenso wie im Weltganzen zu begegnen und dabei
- in selbstbewusster und kritischer Art und Weise
- die möglichen Verbesserungs-Potentiale der damit einhergehenden Veränderungserfordernisse auszuloten und gegebenenfalls auch zu nutzen,
- dabei jedoch keinesfalls die eigenen Haltungen unreflektiert oder kritiklos aufzugeben oder zu verwerfen.

Hilfsbereitschaft

Wohl jede bzw jeder hat schon einmal – wenn auch in unterschiedlicher Form bzw in unterschiedlicher Art – von einer Freundin bzw einem Freund, von einer Verwandten bzw einem Verwandten, von einer Kollegin bzw einem Kollegen oder auch von gänzlich Unbekannten Hilfe bzw Unterstützung erhalten und weiß um die Bedeutung derselben. Wenn es der bzw dem Helfenden dabei auch gelingt, ohne Herablassung, gewissermaßen „auf Augenhöhe" und ohne die (billige) Erwartung einer Gegenleistung oder sonstigen Anerkennung (etwa durch die Öffentlichkeit) zu helfen, ist diese Form der – im besten Sinne des Wortes verstandenen – „selbstlosen Hilfe" umso wertvoller für die Adressatin bzw den Adressaten der Unterstützung.

Es geht bei der Bereitschaft zum Helfen keinesfalls darum,

jederzeit und unter allen Umständen „helfen zu müssen"; genauso wenig ist es erforderlich, in materieller Form Hilfe anzubieten. – Wichtig ist vielmehr
- mit den jeweils zur Verfügung stehenden Möglichkeiten im Kleinen genauso wie im Großen
- unter Berücksichtigung der eigenen Fähigkeiten und Voraussetzungen und
- der bewussten Reflexion der Notwendigkeiten und Bedürfnisse der bzw des Anderen
- im Einzelfall „da zu sein", „mitzuhelfen" und nicht „wegzuschauen" oder „sich abzuwenden".

Im nahen sachlichen Zusammenhang damit steht die Fähigkeit und Bereitschaft, jüngeren oder etwa auch weniger erfahrenen Mitmenschen wohlwollende Förderung angedeihen zu lassen und damit das eigene Wissen und die eigenen Fertigkeiten und Erfahrungen in sinnstiftender Art und Weise weiterzugeben. Derartige Anforderungen treffen nicht nur, aber doch sehr häufig Vorgesetzte im beruflichen Alltag; wenn diese dazu in der Lage sind, gleichzeitig auch Freiräume für die (angeleitete) Entwicklung und Entfaltung der Mitarbeiterinnen bzw Mitarbeiter zu schaffen bzw zu gewährleisten, verbindet sich damit in aller Regel nicht nur ein enormes Entfaltungspotential für die solcherart geförderten Personen, sondern ist dies auch für die (berufliche und oftmals auch gesellschaftliche) Umgebung besonders vorteilhaft.

Loyalität

Wenn einem Gutes, Hilfe oder auch Förderung widerfährt, sollte dies nicht per se für ein verdientes Selbstverständnis gehalten werden, sondern der bzw die Helfende, Unterstützende oder Fördernde sollte bedankt und – wenn sie bzw er selbst einmal der Unterstützung oder Hilfe bedürftig sein sollte, diese – nach Maßgabe der Möglichkeiten – auch erhalten. Keinesfalls verbindet sich damit die Auffassung, sich an (berechnende) Helferinnen bzw Helfer, Förderinnen bzw Förderer, Unterstützerinnen bzw Unterstützer mit „sklavischem Unterwerfungswillen" zu ketten. Vielmehr geht es um den Gedanken, dass das, was man an „Gutem" empfangen hat, an andere – in welcher Form auch immer – weitergegeben wird; dieses „Weitergeben" sollte jedoch keinesfalls für schlechte Erfahrungen gelten – diese sollten, wie ein schlimmes Virus – am besten von einem selbst „ausgeschwitzt" und nicht an andere übertragen werden.

Wichtig ist,

– ein Bewusstsein für die selbst erfahrene Unterstützung zu entwickeln und

– dafür dankbar sein zu können sowie

– diese Dankbarkeit auch auszudrücken, indem etwa

– „die Staffel der Hilfsbereitschaft" – ohne bloß eine eigene Geltungssucht zu befriedigen – an andere (zB durch „gute Taten") weitergereicht wird.

Aufrichtigkeit

Der Umgang mit anderen und sich selbst gelingt in aller Regel dann optimal, wenn das Handeln von Aufrichtigkeit getragen ist. Sich selbst oder anderen etwas vorzumachen oder gar vormachen zu müssen, führt schnell in eine Sackgasse, die nicht selten mit einer seelischen Zerrüttung endet. Freilich ist es dabei nicht immer einfach, dem Anspruch der Aufrichtigkeit vollständig und umfassend Rechnung tragen zu können; zu denken ist dabei etwa an Umstände, die dazu führen können, dass aufrichtige Worte beim Gegenüber auf (gekränkte) Ablehnung stoßen. Daher ist es umso wichtiger, offene, zumal kritische Worte in einer dem Einzelfall geschuldeten wertschätzenden Art und Weise mitzuteilen. Wichtig ist in solchen Fällen aber nicht nur die Wahl der „richtigen Worte", sondern etwa auch die Wahl des „richtigen Zeitpunktes" oder „richtigen Ortes" (zB unter vier Augen). Bei allem steht aber im Mittelpunkt der Überlegungen, dass das Aussprechen der Wahrheit in aller Regel für sich selbst und andere nicht nur zumutbar ist, sondern vielmehr meist sogar erlösend wirkt.

Jemand, der selbst wertschätzend vorgetragene aufrichtige Äußerungen, wenngleich sie im Einzelfall kritisch sein mögen, von seinem Gegenüber erfahren hat, wird in der Regel auch leichter dazu bereit sein, anderen gegenüber in ähnlicher Weise handeln zu können. Aber selbst dann, wenn das aufrichtige Handeln im Einzelfall auf „weniger Gegenliebe" stoßen sollte, wäre es für einen selbst und auch für andere nicht gut, diesen Weg zu verlassen; sehr wohl sollte in derartigen Fällen jedoch darüber nachgedacht werden, worin die Gründe für die Ablehnung des Gegen-

IV. Gedanken und Anleitungen

übers gelegen sein können, um – nach einer entsprechenden Analyse dieser Umstände – das weitere Handeln danach auszurichten, ohne dabei unaufrichtig werden zu müssen.

Von Bedeutung ist demgemäß, dass
- man sich selbst und anderen nichts vormacht, weiters
- vor allem in kritischen Situationen aufrichtig agiert und dabei
- nach Möglichkeit seinem Gegenüber mit Wertschätzung begegnet und schließlich
- sich von allfällig ablehnenden Reaktionen keinesfalls entmutigen lässt, sondern sich – nach selbstkritischer Analyse der Gegebenheiten –
- selbst treu bleibt.

Werthaltung

In einem sehr engen Zusammenhang mit der Dimension „Aufrichtigkeit" steht das Thema Werthaltung. Es gilt, sich selbst gegenüber klar zu werden, welche Werte einem wichtig sind und diese – vor dem Hintergrund nicht nur der eigenen Bedürfnisse, sondern vielmehr auch unter Berücksichtigung des respektvollen Berücksichtigens der Einstellungen, Auffassungen und Werthaltung von anderen – mit maßvollem Selbstbewusstsein vertritt. Zu denken ist dabei beispielsweise daran, dass eine eigene Werthaltung, die daran anknüpft, andere (zB in Form von Spenden) zu unterstützen oder Handlungen zu setzen, die das Gemeinwohl fördern, in den meisten Fällen nicht nur für die Menschen und die Gesellschaft wertvoll und wichtig sind, sondern auch die bzw den altruistisch Handelnden zufriedenstellen oder gar beglücken können; letzteres – nämlich die „persönliche Beglückung" – sollte nur ein „Nebenaspekt" sein, der nicht dazu führen darf, den eigentlichen Hauptzweck – nämlich die werthaltende Unterstützung – zu verdrängen.

Damit verbindet sich freilich auch das Erfordernis, für diese Werthaltung im Fall der Fälle einstehen zu können bzw zu müssen und sich nicht – wenn sich die „Moden" ändern – in unreflektierter oder gar opportunistischer Art und Weise dem „neuen Mainstream" zu unterwerfen, selbst wenn man mit diesem (innerlich) nicht konformgeht.

Wenngleich die eigenen Werthaltungen auch den Anspruch an entsprechende Toleranz gegenüber anderen Einschätzungen inkludieren sollte, gilt es gleichzeitig Intoleranz, Fanatismus und Unterdrückungstendenzen, die von anderen – unter Umständen unter dem Deckmantel einer politischen oder religiösen oder (scheinbaren) Werthaltung – an den Tag gelegt werden, mit allen zu Gebote stehenden Mitteln zurückzuweisen bzw durch eigenes Agieren derartigen Tendenzen abwehrend zu begegnen. Dabei geht es letztlich auch um das Kultivieren und Pflegen einer entsprechenden Streitkultur, die darauf zu gründen ist, dass mutig, klug und kritikoffen dort Stellungen bezogen werden, wo dies sinnvoll ist und nicht einfach – zB aus Bequemlichkeit – einer kritischen Auseinandersetzung aus dem Weg gegangen wird.

Von zentraler Bedeutung ist daher,

– sich über seine eigenen Werthaltungen im Klaren zu sein,

- diese in selbstbewusster Weise zu vertreten, aber auch
- Toleranz gegenüber anderen Auffassungen walten zu lassen und gleichzeitig
- intoleranten Zugängen von anderen eine klare Absage zu erteilen und Stellung zu beziehen.

Gestaltungswille

Für die gesamte Menschheit kann gelten, dass diese nur auf Grund des Denkens in Visionen Entwicklungen und Fortschritte machen konnte bzw kann; dort wo keine Visionen entwickelt oder – was gleich schlimm ist – nicht nach ihnen gelebt wurde bzw wird, machen sich Stillstand, Resignation und regelmäßig auch Ungerechtigkeit breit.

Häufig kann man über resignierende Zugänge hören oder lesen, die auf den Punkt gebracht darin bestehen, dass „leider auf Grund der bestehenden Gegebenheiten nichts gemacht werden kann". Die Autoren dieser Zeilen haben in unterschiedlichsten Lebensabschnitten dazu kontrafaktische Erfahrungen gemacht: Nahezu immer können, wenngleich auch nicht immer vollständig, sofort und umfassend, Änderungen zum Besseren bewirkt werden. Voraussetzung dafür ist freilich, dass man sich vor Augen führt, innerhalb welcher Grenzen Möglichkeiten dazu bestehen oder mit anderen Worten: dass man den Gestaltungsspielraum erst einmal erkennen muss; auf dieser Basis gilt es in der Folge in visionärer Art und Weise Ziele zu definieren und diese Ziele in gelebte Realitäten umzusetzen. Dabei sei nicht verhehlt, dass der jeweilige Gestaltungsspielraum unter Umständen – vor dem Hintergrund der jeweiligen Situation

– auch äußerst gering oder klein sein kann; aber selbst dann können etwa Änderungen des eigenen Verhaltens bzw der eigenen Einstellungen wichtige Veränderungen zum Positiven bedeuten. Freilich ist es dafür erforderlich, offen und positiv an Themen- und Problemfelder heranzugehen und letztlich auch die Bereitschaft „etwas ändern zu wollen" an den Tag zu legen. – Wer nichts ändern will, der wird letztlich auch nichts ändern können!

Ein Blick auf die Menschheitsgeschichte macht deutlich, dass in vielen Fällen sogar (scheinbar) Unmögliches gewagt und – nach vielen oftmals auch schmerzvollen Rückschlägen – erreicht werden konnte. Dabei geht es auch darum, für sich selbst zu erkennen, innerhalb welcher eigenen Grenzen und auf Basis welcher „persönlicher Kosten" die Bereitschaft zum verändernden Handeln besteht.

Demgemäß ist es wichtig,

- das Mögliche dazu beizutragen, dass sich die Umstände zum Positiven ändern und sich dabei

- seiner eigenen Grenzen bewusst zu sein und wenn sich scheinbar Unmögliches, Unveränderbares vor einem auftut

- über die Veränderung des „Unmöglichen" in konstruktiver Art und Weise zu reflektieren sowie Visionen für die bessere Gestaltung der Zukunft zu entwickeln und nachhaltig zu leben.

Schließlich ist es von Bedeutung, nicht nur selbst kreativ zu gestalten, sondern auch andere dazu zu bewegen oder – nach Möglichkeit – zu fördern, um selbstbestimmt und kreativ gestalten zu lernen.

IV. Gedanken und Anleitungen

Maßhaltung

Es kommt nicht von ungefähr, dass bereits in der frühen griechischen Philosophie (*Sokrates, Platon*) oder in verschiedenen Religionen (siehe zB das römisch-katholische „Todsünden-Konzept") oder auch bereits in der mittelalterlichen Literatur (*Hartmann von der Aue*: Erec [1165] und Yvain [1177]) das Thema der Maßhaltung eine wichtige Rolle spielt. Tatsächlich gilt es für alle Lebenslagen und -bereiche, dass die Suche und das Finden des richtigen Maßes einen zentralen Bestandteil für die individuelle Glückserfahrung bilden.

Umgekehrt führt Maßlosigkeit etwa im Bereich Vermögen, Ehrgeiz, Schönheit, Sport, Sexualität etc in aller Regel schwere Beeinträchtigungen für sich selber und regelmäßig auch für die Mitmenschen nach sich. – So kann etwa durchaus eine Übersteigerung in der selbstauferlegten Maßhaltung die Chance auf Glück und Zufriedenheit nachhaltig beeinträchtigen (zB „Schlankheitswahn").

Es liegt auf der Hand, dass das Element der Maßhaltung mit allen anderen zuvor dargestellten „Termen" in einem besonderen Wechsel- und auch Spannungsverhältnis steht; wenn also etwa über Ehrenhaftigkeit, Rechtschaffenheit, Gelassenheit, (Selbst-)Kritikfähigkeit, Offenheit, Hilfsbereitschaft, Loyalität, Aufrichtigkeit, Werthaltung sowie Gestaltungswillen als wichtige Faktoren für ein gelingendes elitäres Handeln im Alltag gesprochen wird, so gilt dabei jedenfalls mitzudenken, dass für alle diese Aspekte – jeweils unter Berücksichtigung des individuellen Einzelfalls – das passende bzw richtige Maß gefunden werden muss. – Auch dies ist selbstverständlich keine leichte Aufgabe, die jederzeit und immer gelingen kann, aber indessen immer und immer wieder versucht werden sollte.

V. Zusammenführendes

Aus der Vielfalt der von den Autoren recherchierten Quellen und Überlegungen dazu zeichnen sich einige Leitbilder des „Elitären" ab:

Unter den Eingrenzungen der Biologie hat sich die Menschheit stets in neu erdachten Systemen und auch lang tradierten Denkformen bewegt – dies zuletzt mit rasant zunehmender Geschwindigkeit – diese immer wieder verlassend und modifizierend.

Diese Entwicklung wirkt auch auf Definitionen und Zuordnung zu Eliten ein. Wir haben uns daher an ein erweitertes Narrativ herangewagt, um Anschauungen entgegenzutreten, welche die (unreflektierte) Ablehnung und bloße Ablöse der Eliten als Ziel anstreben, da dies letztlich in einer „Vermassung" unter gefährlicher Führerschaft enden kann.

Der tradierte Elitenbegriff („Die da oben") greift zu kurz, wirkt in seiner Enge diskriminierend und ist damit verstärkt kritikanfällig.

Leistungsträgerinnen bzw Leistungsträger sind zB keineswegs nur oder vorzüglich jene, die gerade „das Sagen haben". Respekt und Wertschätzung verdienen vielmehr alle jene, die in der Vielfalt der Lebensverläufe Anstand, Fleiß, Pflichtbewusstsein und Gemeinsinn leben und vorleben.

Das menschliche „Denken über Neues" überschreitet immer wieder Grenzen der Tradition und bestehender Handlungsgebote. – Soweit so gut. Denn: Behinderungen des Denkens und der daraus erfließenden Erkenntnisse und Anwendungsmöglichkeiten schließen sich nicht nur aus, sie lassen sich schlichtweg nicht verhindern; derartiges wäre sogar weitgehend auch schädlich für die gesellschaftliche Entwicklung. Denn: Wo stünden wir heute ohne die Erkenntnisse der Wissenschaft und ihrer Anwendungen?

Aber nicht alles ist dem Menschen verträglich und zumutbar. Unsere Gesellschaften befinden sich in einer rasanten Zeitenwende mit gewaltigen Chancen und hohen Risiken. Daher gibt es auch ein Gefühl der Spaltung unserer noch immer offenen Gesellschaft, wobei dieses Gefühl vielfach bereits der Realität entspricht. Die gesellschaftlichen Gestaltungsfreiräume und Möglichkeiten erweitern sich rasch und sind vielfach unüberschaubar; gleichzeitig entschwinden die notwendigen Begrenzungen im Nebel der Zukunft. Vor allem das erzeugt Interessenskonflikte, denen sich die Gesellschaft offen zu stellen hat.

In dieser gesellschaftlichen Gemengenlage ist es erforderlich, die Orientierung an das Moralische wieder stärker in den Fokus des Handelns zu rücken.

Die Ablehnung dieser Sicht ist latent und wohl auch gefährdend. Die Orientierung primär an der „Ich-Bezogenheit" zu justieren und die „mitleidige Regung" zu verachten, ist vielfach (wieder) Programm und in Mode (siehe dazu bereits *Friedrich Nietzsche* [1844-1900], Menschliches,

V. Zusammenführendes

Allzumenschliches. Zur Geschichte der moralischen Empfindungen Band 1 1954, 279 ff).
Seit gut mehr als 30 Jahren hat die liberale Gesinnung zur Faszination des „Ich" geführt. Damit wurde das „Gemeinsame" hin zur Identifizierung des „Eigenen" verschoben. Das ist letztendlich ebenso ein Mangel an der (Lebens-) Bildung wie der Hinweis auf das „natürliche Gute", das im bloßen eigenen Vorteil gelegen sein soll.
Bildung auf breiter Basis ist die einzige Möglichkeit, Begrenzungen zu suchen und zu finden. Es ist unumgänglich, diesen Prozess der Wertschätzung – und das ist nun einmal die Bildung – immer wieder auszudehnen; es sollte ein Akt der täglichen Erbringung sein.
Was die Gesellschaft direkt betrifft, ist das „Politische" primär maßgeblich oder sollte es zumindest sein. Niemals darf die Suche und das Streben nach einem menschenwürdigen und besseren Leben aufgegeben werden. Wenn der politische Diskurs erschlafft, übernehmen die „bloßen Zahlen" die Regentschaft. Gerade diese spürbare Entwicklung ist ein Irrläufer; und der Ideenverlust ist ein Kulturverlust schlechthin.
Es geht um eine Werteorientierung, also um den Kern des Politischen und dazu bedarf es der Eliten – das heißt all jener, die elitär vor allem im Sinne von gemeinschaftsbindend wirken.
Die in dieser Schrift postulierte Verbreitung der Bildung begründet sich in der Erkenntnis, dass eine kleine Minderheit auf Dauer nicht in der Lage sein kann, Themen vorzugeben, Wege vorzuzeichnen und das Denken zu steuern. Jeder von uns unterliegt der Fehleranfälligkeit und der Abnützung durch die Dauer (daher sind die bestehenden

Eliten letztlich auch so sehr in Frage gestellt).

Visionen, die für den Zusammenhalt der Gesellschaft dringend erforderlich sind, können nicht verordnet werden, sondern müssen verstanden und in den Herzen getragen werden. Es reicht auch nicht aus, dass Interessensgruppen ständig Reformen einmahnen, aber die Grundsatzdebatte verweigern. Die Freisetzung von Arbeitskräften durch Digitalisierung und Technisierung („Arbeitsroboter") ist evident, kann aber nicht über Fragen der Arbeitszeitverkürzung, genereller Grundeinkommen – also durch bloß punktuelle Ansätze – abgehandelt werden, sondern bedarf einer grundlegenden Debatte über Ausweitung, Intensivierung und Verbreiterung der Bildung.

Das Bestehende zu verändern erfordert somit das (Nach-) Denken, den Diskurs und die offene, demokratische Austragung von Debatten. Da dies mit Mühsal verbunden ist, ist die Verführung groß, Wesentliches auszuklammern und bloß Punktuelles aufzugreifen, wie am vorstehenden Beispiel erläutert. Elitäres Handeln bedeutet eben gerade auch die Wahrheit zu sagen, Zusammenhänge und Folgen nicht zu verschweigen und durch dieses Verhalten die Glaubwürdigkeit zu festigen.

Diese Schrift versteht sich als einen Gegenentwurf zu Nichtwissen und Grenzenlosigkeit. – Beides ist (im unterschiedlichen Ausmaß) in der Digitalisierung, der Computerisierung ebenso wie in der Ökologie, der Geldvermehrung und eben im Politischen vorfindbar.

Es geht nicht um ein „jetztzeitiges Maschinenstürmen", sondern darum, das Menschsein zu garantieren. – In *Friedrich Hölderlins* (1770-1843) „Der Tod des Empedokles" wird die Hybris und ihre Schuld beschrieben: „Denn viel

V. Zusammenführendes

hab' ich von Jugend auf gesündigt, die Menschen menschlich nie geliebt."

Und wir wollen schließlich – hoffnungsfroh – auch nicht daran glauben, dass das Menschsein messbar wird, also der Optimierung zugeführt werden kann und damit dem Konflikt und der Moral entzogen wird.

Unsere Verpflichtung im Elitären liegt darin, Bildung und Wissen zu erwerben, zu vertiefen und immer wieder weiterzugeben, aber: Nichts ist vollkommen und wenn es vollkommen wäre, käme es als Fluch über uns.

Danksagung

Bedankt seien alle jene, die wir mit unseren Fragen belästigt und gefordert haben und erst recht jene, wie etwa Herr *Dr. Alois Puntigam* und unsere Ehefrauen, die sich der Mühe unterzogen haben, unsere Entwürfe zu lesen und kritisch zu reflektieren.

Autoren

Die Autoren Univ.-Prof. DDr. *Peter Schachner-Blazizek* und Hon.-Prof. Prof. (FH) Mag. Dr. *Werner Hauser* am 21. Oktober 2017 auf der Burg Deutschlandsberg [© Foto Schmickl]

Mag. DDr. Peter Schachner-Blazizek

Lebenslauf (Kurzfassung)

- geboren 1942
- Promotionen 1964 und 1965
- ab 1974 Universitätsprofessor für Finanzwissenschaften an der Karl-Franzens-Universität Graz
- 15 Jahre Vorstandsvorsitzender der Grazer Stadtwerke AG
- diverse Aufsichtsratsmandate wie ua VOEST-Alpine AG, Creditanstalt Bankverein
- Präsident der E-Wirtschaft Österreichs
- 12 Jahre in der Politik als 1. Landeshauptmann-Stellvertreter der Steiermark
- danach Rückkehr in die Wirtschaft ua als
  - Aufsichtsrats-Vorsitzender der Energie Steiermark AG
  - Aufsichtsrats-Vorsitzender Stellvertreter der Steiermärkischen Bank und Sparkassen AG und der Bankhaus Krentschker Co AG
- zahlreiche Publikationen; zuletzt ua *„EU-Topia. Gedanken zu Vergangenheit, Gegenwart und Zukunft"* (gemeinsam mit Werner Hauser)

Mag. Dr. Werner Hauser

Lebenslauf (Kurzfassung)

- geboren 1967
- Promotion 1993
- ab 1998 Fachhochschul-Professor für Öffentliches und Privates Wirtschaftsrecht an der FH JOANNEUM GmbH
- davor ua Tätigkeiten in der Justiz, der Verwaltung und der Wirtschaft
- 10 Jahre Leiter des Instituts für Bildungsrecht und Bildungspolitik in Graz
- seit 1997 Mitglied im Aufsichtsrat der JOANNEUM RESEARCH Forschungsgesellschaft mbH
- 2015: Verleihung der „Honorarprofessur für Technik und Recht" an der Alpen-Adria-Universität Klagenfurt
- diverse Fachgutachten und Beratungen
- umfassende Lehr- und Publikationstätigkeiten (über 80 Fachbücher und über 300 Fachbeiträge); zuletzt ua *„EU-Topia. Gedanken zu Vergangenheit, Gegenwart und Zukunft"* (gemeinsam mit *Peter Schachner-Blazizek*)